Ich bin Gedicht

AF188898

Herstellung und Verlag: BoD- Books on Demand,
Norderstedt
C 2018 by M. S. Dueschamm / Klaus-Jürgen Sparfeld
Herausgegeben von Klaus-Jürgen Sparfeld

ISBN 9783748132233

Fotos: Marion Sparfeld

M. S. Dueschamm

Ich bin Gedicht

Was ich schon immer sagen wollte und niemand hören will

***

An einen magischen Moment

***

Alles Du

Du bist die Rose, die erblüht
Du bist, wofür mein Herz nur glüht
Du bist, was mich am Leben hält
Du bist ganz einfach meine Welt

Du bist der Stern am Himmelszelt
Du bist viel mehr als alles Geld
Du bist der Sonne strahlend Kranz
Du bist der dunklen Nächte Glanz

Du bist, was in mir jede Stund´
Du bist das Wort in meinem Mund
Du bist des Herzens einz´ger Schlag
Du bist noch heller als der Tag

Du bist der Grund für mich zu sein
Du bist so herrlich wie ein Wein
Du bist für mich die Ewigkeit
Du bist das Ende aller Zeit

Alles Ware

Dunkle Augen
Dunkle Haare
Rote Lippen
Alles Ware

Weiße Bluse
Schöne Rose

Großer Busen
Enge Hose

Toller Körper
Voller Düfte
Feste Schenkel
Runde Hüfte

Praller Hintern
Einmal fühlen
Alles Ware
In Dir wühlen!

Älter

Die Sonne scheint dir ins Gesicht
Sie blendet, doch sie wärmt dich nicht
Die Strahlen, sie prallen an dir ab
Dein Herz, dein Mut, sie hängen schlapp
Nicht Energie und keine Kraft
Wo ist er geblieben, der Jugend Saft?
Was wolltest du nicht alles machen
Konntest doch nur über´s Alter lachen
So wie die, nein, so werd´ ich nie!
Nun, sieh in den Spiegel – sieh!

Anja

Puderzucker auf der Streuselschnecke
Pflaumenkuchen und Himbeerecke

An dich denken
Und dich dann im Meer versenken!

An eine schöne Zeit

Vergessen und vorbei
Für Dich was ich
Die Zeit von uns Zwei
Doch nicht für mich

Gestorben und ganz tot
Sie lebt und ist
Liebe, die ist rot
Hab´ sie vermißt

Kann nicht neu beginnen
Du lebst und bist
Gedanken rinnen
Was mit mir ist

Was Du hast gegeben
Fort alles weg
Will neues Leben
Doch ohne Zweck

Nur nach hinten rennen
Zukunft bei Dir
Von Altem trennen
Geht nicht bei mir

Vergang´nes entfernen
Und besiegen

Muß Vieles lernen
Stehen, liegen

An eine schöne Zeit
Anja mit Dir
Für mich alles weit
Zurück zu mir!

Anja P.

In Cuxhaven schien die Sonne
Und Du warst keine Nonne
Das war mir schon klar
Als ich Dich da liegen sah

Meine Blicke zu Dir gingen
Und dann fest an Dir hingen
Mich gesogen voll
Denn ich fand´ Dich einfach toll

Und die Strahlen Deiner Augen
Wollten zu Dir mich saugen
Hab´ mich nicht getraut
So oft Du hast zu mir geschaut

Am Ende ihn dann doch besiegt
Wolltest schon, daß er Dich kriegt
Bin gegangen hin
Alles bekam so einen Sinn

Und wir verbrachten einen Tag
Er verging mit einem Schlag

Sprachen und gingen
Ganz fest aneinander hingen

Langsam und sehr zart begonnen
Und sehr schnell lieb gewonnen
Augen grün und tief
Sah sie an als ich mit Dir lief

Deiner Lippen Wärme spüren
Und weiche Haut berühren
Drücken mich an Dich
Nichts daran ist lächerlich

Deinen Körper vor mir sehen
Und versuchen zu verstehen
Was denn Liebe ist
Das, wenn Du nur bei mir bist!

Athene

Das Heut war weit
Es war die Zeit
Als Götter lebten
Und Erden bebten!

Der Mensch sah auf
Ganz hoch hinauf
Dort auf dem Olymp
Da lebte die Sünd´

Sie waren reich
Und warn sich gleich

Sie waren mächtig
Und lebten prächtig

Lebten im Ich
Und liebten sich
Niemandem nutzend
Im ganzen Dutzend

Wollten Gaben
Und sich laben
Im Lichte strahlen
Und mit sich prahlen

Und lange Zeit
Waren sie weit
Unerreichbar fern
Von einem andern Stern

Doch schließlich dann
Man sich besann
Und stellte Fragen
Wollte was sagen

Sie wurden bös'
Mit viel Getös'
Wie kleine Kinder
Kopflose Rinder

Sie schlugen drein
Nun im Verein
Doch zerstörten nur
Die eigene Kultur

Und was dann blieb
Nach ihrem Hieb
Warn ihre Trümmer
Vorbei für immer!

At your bosom let me rest

At your bosom let me rest
And let me bite into your breast
And when I put my finger on your trigger
My thing is getting bigger and bigger

Augen, sanfte braune (Urversion)

In dem Restaurante
Vielleicht ihrer Tante

Stand sie an dem Tische
Fragte, was ich wische

Was sie denn wohl hätte
An Menü, komplette

Sie sagte es mir an
Und ich bestellte dann

Brachte mir das Essen
Hätt sie gern gefressen

Und ein sanftes Lächeln
Sorgt für leichtes Hecheln

Zwei Tage später dann
Traf ich sie wieder an

Schaute gleich zu ihr hin
Und hinab fiel mir das Kinn

Denn sie strahlte helle
Winkte auf die Schnelle

Dann war sie verschwunden
Viel zu viele Stunden

Und am letzten Tage
Wenn ich es dir sage

War sie wieder dorten
Und stand an den Pforten

Brachte mir das Happa
Leider kaum Geplapper

Doch die schönen Augen
Konnte voll mich saugen

Ein Foto noch ganz schnell
Mit ihr natürlich, well

Auch wenn erst nicht wollte
Alle meinten: sollte!

Gab zum Schluß die Hand ihr
War ganz warm ums Herz mir

Bin sodann gegangen
Bißchen eingefangen

Würd´ ihr gerne schreiben
In Verbindung bleiben

Nicht mal ihren Namen
Und denk´ ans Besamen!

Weiß nicht, ob´s was wäre
Vielleicht nur Kurzaffäre

Augen, sanfte braune
Machten, daß ich staune!

Beben

Will Dir so viel sagen
Aber keine Fragen
Die dazwischen stehen
Will Dich einfach sehen!

In Deine Augen schaun
Und Dir total vertraun
Deine Zunge spüren
Deine Haut berühren

Hör´ Dein Herz jetzt schlagen
Will mich weiter wagen
Deinen Körper drücken
Mich daran entzücken

Du liegst ganz nackt vor mir
Und ich ganz tief in Dir
Es geht hoch und runter
Ist der Penis munter

Du stöhnst und windest Dich
Wenn Säfte finden sich
Wie ein Vulkan es bebt
Wenn alles an Dir lebt!

Beim Gehen

Vor der Wohnung auf dem Gange
Stand ich mit dem Frank ganz lange
Und wir sprachen über Dieses
Über Gutes, über Fieses

Und Therese kam nach Hause
Machte auf dem Gang ne Pause
Holte dann noch Michaela
So sprang auf vier der Partyzähler

Wein, Bacardi, alles war da
Doch kein Cola, na, so la la
Noch zwei mehr die mußten kommen
Dann gab es doch des Rumes Wonnen

Und wie die Nacht verstrich sodann
Da lehnt ich mich ein bißchen an:
Michaela, sagte ich mir
Schau an, paßt sie vielleicht zu dir?

Um drei war dann der Zapfenstreich
Und meine Knie, die waren weich
Wie im Leben immer wieder –
Wenn du nicht denkst, schlägt es dich nieder!

Bis zum Ende

Er ruft und schreit
Es tut ihm leid
Sie hört nicht zu
Will ihre Ruh

Er bittet, fleht
Und nicht versteht
Was alles soll
Es war doch toll

Sie sieht ihn an
Verläßt ihn dann
Er steht und schaut
Ist nicht erbaut

Die Schuld sucht er
Bei sich nicht mehr
Es lag bei ihr
Sie war das Tier

Er lebt heiter
Immer weiter
Bis zum Ende
Ohne Wende

BRASILIEN

Der erste ist der zweite
Und den Rasen trennten drei
wovon links und rechts die gleichen
und die Mitte macht aus Eichen Laichen.

Bröckeliges

Du lernst es schon als Kind
Denn bröckeln geht geschwind!

Es bröckeln Mann, es bröckeln Frau
Und wer nicht bröckelt, ist nicht schlau!

Es bröckelt hier nicht nur der Mann
Es bröckelt jeder, der es kann!

Es ist kein richt´ger Mann
Wer nicht mal bröckeln kann!

Es liebt ein jeder Bröckel Mann
Was man so richtig bröckeln kann!

Bröckel Mann

Was so ein wahrer Bröckel Mann
Der bröckelt jeden an

Er bröckelt früh, er bröckelt spät
Er bröckelt, bis es nicht mehr geht!

Da bei Dir

Saß am Strand
Sah auf´s Meer
Vom festen Land
Lange her

Schiffe fuhren
Küste lang
Wie an Schnuren
Ohne Klang

Herz, das weinte
Weit hinaus
Meer, das schäumte
Alles aus

Wolken zogen
Blau im Dunst
Und die Wogen
Schon wie Kunst

Darf ich sagen
Es ist leer
Oder fragen
Lange her

Herz, das weint noch
Hier bei mir

Meer, das schäumt noch
Da bei Dir

Das Dings

Ich ging durch einen Wald
Es war Sommer und nicht kalt
Die Bäume standen grün
Und die Blumen warn am Blühn

Die Schafe auf der Heide
Und ein Schimmel auf der Weide
Amsel, Fink und Meise
Jeder zog so seine Kreise

Der laue Wind, der wehte
Die Nebelkrähe krähte
Ein Reh am Bächlein stand
Und das kühlend Wasser trank

Ich blickte rechts und links
Und da sah ich es, das Dings
Es lag ein Stück vor mir
Vor ihm stand ein kühles Bier

Ich pirschte mich heran
Erstaunliches, das kam dann
Das Dings, es dreht sich um
Ich stockte und schaute dumm

Mein Herz, das pochte wild
Das Dings, es bot ein grauslich Bild

Die Knie, die wurden weich
Ich dacht: es frißt mich gleich!

Ich wollte weg von hier
Doch da sprach das Dings zu mir:
Das Bier, das ist sehr gut
Nimms und gib mir deinen Hut!

Der 1. Satz des Sparfeld

Wenn man zu zwei Dreiecken ein drittes hinzufügt,
hat man drei Dreiecke.

Dieser Satz ist allgemeingültig und läßt sich auf
alle denkbaren geometrischen Formen anwenden.

Der 2. Satz des Sparfeld

Halt mal!

Auch dieser Satz ist allgemeingültig und läßt sich auf
alle Videokameras und andere Gegenstände anwenden.

Der Kalle wollte

Der Kalle wollt mit seinem Rad
Da wollt er fahren in die Stadt

Doch was war das o ach du Schreck:
Er kam mit ihm nicht weg vom Fleck

Da stand er nun und schaute stumm
Ums Rad da war ein Schloß herum!

Kleiner Schlüssel, kleines Schloß
Ging nicht auf, ihn sehr verdroß

Die Lösung des Problems ist klar
Nimm dieses Schloß – und fahr!

Der kleine Elch

War ein kleiner Elch
Wohnte tief im Wald
Sah dort einen Belch
Nahm dann eine Spalt

Der kleine Elefant

War ein kleiner Elefant
Ging durch weites Land mit Sand
Suchte nach nem Telefon
Wählte meine Nummer schon
Hörte Stimme sagen dann:
Bin nicht da, ruf´ später an
Oder sprich auf dieses Band
Was Du willst, Du Elefant!

Der kleine Elefant (1)

Elefant ging durch den Wald
Sah ne kleine Motte
Elefant ging ganz nah ran
War ein Hottentotte

Der kleine Elefant (2)

War ein kleiner Elefant
Hab´ ihn so gefunden
Und ihn dann zu Dir gesandt
Wünsch Euch schöne Stunden!

Der kleine Elefant (3)

War ein kleiner Elefant
Stieg in einen Zug
Fuhr durchs ganze weite Land
Nur mit einem Krug

Der kleine Elefant (4)

War ein kleiner Elefant
Wohnte in ner Tonne
Hatte dicke hohe Wand
Sah dort keine Sonne

Der kleine Elefant (5)

War ein kleiner Elefant
Schmerzte was im Mund
Ist zum Zahnarzt hingerannt
Hatte keinen Grund!

Der Portugiese

Es war ein Portugiese
Der liebte eine Liese
Er liebte sie so sehr
Es gab nichts andres mehr

Es tat der Portugiese
Alles für seine Liese
Wann immer er sie sah
War auch sein Strahlen da

Da kam zum Portugiesen
Ein Mann, der war aus Friesen
Er wohnt´ sehr lange dort
Und wollte nicht mehr fort

Nicht nur zum Portugiesen
Zog es den Mann aus Friesen
Ging viel umher im Land
Hört her, was er so fand:

Er fand beim Portugiesen
Gefallen an der Liesen

Auch sie war hoch erfreut
Das hat ihn nicht gereut

Er nahm beim Portugiesen
Manch Stündchen mit der Liesen
Den Mann, den hielt sie fern
Das hatte er nicht gern

Es dacht der Portugiese
Was ist mit meiner Liese?
Er sah und schaute hin
Da gab es einen Sinn!

Nun lacht der Portugiese
Hat wieder seine Liese
Menu in seiner Bar:
Aus Alemania!

Moral:

Drum merk´ Dir für dies Land
Wo ein Friese einst verschwand:
Kommst Du zum Portugiesen
Laß Deine Finger von der Liesen!

Des Frühlings Kraft

Wenn die Rosen blühen
Ihren Duft versprühen
Laue Lüfte wehen
Kalte Nächte gehen

Wenn die Bienen fliegen
Frösche Quappen kriegen
Hummeln sanfte brummen
Schneegänse verstummen

Wenn die Bäume blättern
Temperaturen klettern
Tage länger werden
Fohlen bei den Pferden

Wenn dir die Ruhe fehlt
Dich ein Verlangen quält
Das Herz dann pocht so laut
Das Eis im Wasser taut

Wenn du siehst ein Mädchen
Frommes, braves Käthchen
Regt sich des Frühlings Kraft
Und treibt ihn hoch, den Saft!

Dich zu lieben

Dich zu lieben
Ist die größte aller Qualen
Drum sei mir nicht böse,
Wenn ich mich von Dir löse!
Ich gebe Dich frei.
Für Rudi, Cisco und Timotei
(und wer sonst noch dabei).
Wenn Du nicht willst, daß ich gehe
Sieh ein, daß ich nicht nur danebenstehe!

Die Libelle

Eine kleine Libelle
Die sah eine Welle
Und sie wollte gleiten
Über deren Weiten

Und schon die Libelle
Schwang sich in die Welle
Und versuchte stur
Dann zu halten ihre Spur

Es traf dann die Libelle
Etwas von der Welle
Und sie fiel herunter
Sie war nicht mehr munter

Und am Ende die Libelle
Nahm Abstand von der Welle
Und sie blieb in ihrem Reiche
An dem kleinen Teiche

Die Scholle

Es lag am Strande
Mitten in dem Sande
Eine Scholle, die war tot
Und am Himmel stand das Abendrot

Es ging am Strande
Mitten auf dem Sande

Ein Mann, der kam aus Rügen
Der sah die tote Scholle liegen

Es lag am Strande
Mitten in dem Sande
Scholle, Mann und beide tot
Und am Himmel stand das Abendrot

Die Strafe für´s Glücklichsein

Wenn man jemanden liebt
Ihm alles gibt
Glücklich und zufrieden ist
Eigentlich nichts vermißt

Warum kann man dann nicht fröhlich sein?
Warum ist das Schicksal so gemein?

Warum gibt es den Zweifel, die Sorge,
den Kummer?
Warum wird sie geweckt, die Eifersucht
aus ihrem Schlummer?

Warum nicht nur lieben und zueinander finden?
Warum sich nicht auf ewig seelisch binden?

Man soll ihn fühlen den Schmerz
Die Strafe für´s Glücklichsein
Er zerbricht Dein Herz –
Und Du bist schließlich wieder allein

Die Suche nach dem Glück

Es war einmal jemand, der auszog,
das Glück zu suchen.
Sein Weg führte ihn von Stadt zu Stadt,
von Land zu Land,
durch die ganze Welt.
Doch so sehr und so lange er auch suchte,
er konnte es nicht finden.
So vergingen die Jahre.
Schließlich kehrte er im hohen Alter
nach Hause zurück -
Und dort fand er es.

Die Verbindung

Ein Hase auf dem Watt lang ging
Ne Häsin an seinem Schwanze hing
Der Hase plärrte nur:
Komm Alte, sei doch nicht so stur!

Die Häsin aber dachte:
Was, wenn ich es machte?
Was wird danach wohl sein,
Der Alte läßt mich doch bestimmt allein!

Der Hase zu sich selbst so sagte:
Wenn doch nur der Frühling nicht so plagte!
Die Alte ist doch ziemlich dumm
Ich krieg sie schon noch rum

So kam die Flut ganz langsam an
Der Alte auf ein Mittel sann
Dann fiel ihm schon die Lösung ein,
Das Schöne kann doch ziemlich einfach sein!

Er sprach: Wir müssen uns verbinden,
Um gemeinsam diesen Priel zu überwinden
So wurde sich sodann verbunden
Und jener Priel gemeinsam überwunden

Am anderen Ufer schied er dann:
Er käme wieder, irgendwann
Die Häsin, alt und grau, sie sitzt noch heute
Inmitten ihrer Kindermeute

Und die Moral von der Geschicht:
Verbind dich mit nem Hasen nicht
Wenn du mit ihm bist auf dem Watt
Dann mach ihn lieber platt!

Die Wanze

In Nürnberg auf der Mauer
Liegt ne Wanze auf der Lauer

Sie schaut so um sich rum
Und sucht nach einem Opfer dumm

Da kommt schon angelaufen
Fritz, der will sich einen Saufen

Die Wanze macht sich sprungbereit
Der Fritz, der fühlt sich schon befreit

Sie hüpft zu seiner Schulter hin
Der Fritz kippt in sich seinen Gin

Gerade will sie in ihn beißen
Da muß er sich zusammen reißen

Vor ihm steht Mirinda
Die Mutter seiner Kinder

Die Wanze, sie will stechen
Fritz, der will erbrechen

Der Stachel schiebt sich langsam raus
Der Fritz, der holt die Hand heraus

Gerade, als zu die Wanz´ will schlagen
Faßt er sich an den Kragen

Die Moral von der Geschicht´
Sitze auf dem Fritzen nicht

Bist du ne kleine Wanze
Gehe lieber zu dem Tanze!

Doch ein Problem

„Was ist ein Kuß",
das war die Frage

Was ist ein Kuß?
Wußte nicht, was sage!

Ein Kuß, das ist
Ja, und wenn ja dann
Wenn ich nur wüßt´,
also auch und wann.

Fragender Blick
Und verständnislos
warten auf „Klick"
Wie sag´ ich es bloß?

Also der Kuß:
Wenn, ja, dann der Mund
Sich schließen muß
Dann ist er, ja, rund

Der zweite Mund
Das ist sehr wichtig
Auch der ist rund
Dann wird es richtig.

Ja, nur – und dann?
Vor ein kleines Rück
Stößt man dann an
Dann zurück ein Stück.

Verstanden? – nein?
Wo es doch so klar,
wie kann das denn sein,
so einfach war!

Stell dich mal her
Ganz nah, her zu mir
Ich sag´ nichts mehr
Du, ich zeig´ es Dir!

Doch nur auf Zeit

Der Wein steht da
Du greifst danach
Du denkst was war
Und wirst ganz schwach

Du gießt dir ein
Willst ertränken
Den Sonnenschein
Nicht dran denken

Und noch ein Glas
Sie ist jetzt fort
Was macht denn das
Du liebst den Ort

Du sitzt am Tisch
Er ist bei dir
Bist nicht mehr frisch
Sie greift nach dir

Der Kopf wird schwer
Der Wein tut gut
Dein Hirn wird leer
Er gibt dir Mut

Doch nur auf Zeit
Und morgen früh?
Sie ist so weit
Du siehst sie nie!

Versinkst im Traum
Von Alkohol
Und in dem Schaum
Fühlst du dich wohl

Gewohnheit dann
Dein Kopf ist schwer
Und irgendwann
Bist du nicht mehr

„13"

Wenn ich sehe
Wenn ich schaue
Wenn ich hoffe
Wenn ich baue

Wenn ich lache
Wenn ich weine
Wenn ich denke
Wenn ich meine

Wenn ich gehe
Wenn ich sage
Wenn ich stehe
Wenn ich frage

Wenn ich rufe
Wenn ich schweige
Wenn ich liege
Wenn ich geige

Wenn ich falle
Wenn ich siege
Wenn ich endlich
Dich nur kriege

Du bist

Du warst der Trotz in meinem Kopf
Der Frosch zu meinem Laub
Die Falle meiner Maus
Und manchmal warst du taub

Du warst das Paar zu meiner Liebe
Der Satz zu meinem Auf
Die Muse zu meiner Pampel
Und manchmal haut ich drauf

Du warst das Wissen in meiner Lücke
Die Flora zu meinem Soft
Die Tür zu meinem Zimmer
Und du fehltest mir ganz oft

Du warst das Grün zu meinem Schnabel
Das Obst zu meinem Fall
Der Apfel zu meinem Baum
Wenn ich dich sah, machte es knall

Du warst der Spuk zu meiner Geschichte
Der Rahmen zu meinem Bild
Die Wand zu meinem Schrank
Und dein Anblick machte mich wild

Du warst der Deckel zu meinem Kopf
Der Schalter zu meinem Licht
Der Druck zu meinem Knopf
Und ohne dich gab es mich nicht

Du warst die Tasche für mein Buch
Die Wehr zu meinem Feuer
Der Schlauch in meinem Garten
Und manchmal warst du ziemlich teuer

Du bist der Nagel zu meinem Sarg
Der Infarkt für mein Herz
Der Alp in meinem Traum
Du bist ganz einfach: Schmerz!

Du bist da

Du bist da
Du bist hier
Bist mir nah
Tief in mir

Augen blau
Du bist warm
Bist auch spontan
Und hast Charme

Warum Du?
Warum ich?
Schließ den Mund
Ich liebe Dich!

Du für mich

So dreht man sich im Kreis
Ohne, daß man weiß
So dreht man sich im Kreis
Mal kalt, mal heiß

Fünf Meter von dir fort
Da ist jener Ort
Dort liegt sie und träumt
Die in dir aufgeräumt

Dir selbst tut alles weh
Kopf und kleiner Zeh
Das Herz zerbrochen
Abschied in den Knochen

Vorbei ist es nun fast
Durch die Eile, Hast
Sie will es lenken
Nur durch denken, denken

Nur die Freiheit, die zählt
Auch wenn sie dich quält
Sie, sie will es sein
Frei nur, frei und allein

Luftschlösser fallen um
Baut man, ist man dumm
Und das Herz, mein Schatz
Das hat nur selten Platz

Ein ganzer Realist
Das ist, was Du bist?
Was zählt, muß wiegen
Das heißt: Immer siegen

Die Welt, die ist nur Schein
Etwas anders sein
Gut und Geld vergeht
Doch Liebe, die besteht

Du stehst vor einer Wand
Offen meine Hand
Kannst sie ergreifen
Oder einfach abstreifen

Du gehst dahin

Tage kommen
Tage gehen
Wie benommen
Vom Geschehen

Und die Nächte
Die im Dunkeln
Alles Schlechte
Sterne funkeln

Der Mond erscheint
Er ist ganz rund
Der Himmel weint
Sein Hof ist bunt

Der Regen fällt
Durch Wolken hin
Auf alle Welt
Auch ohne Sinn

Das Leben ist
Noch in dir drin
Der Tod, er frißt
Du gehst dahin

Ein gutes Jahr

Januar, wo war das Glück?
Kehrt im Februar es zurück?

Märzensonne Blumen bringt
Im April mein Herz vielleicht singt!

Im Mai auf Wolken schweben
Und im Juni nur noch leben!

Freude pur im Juli dann
Im August fängt die Liebe an!

Septemberblätter fallen
Oktober Gefühle wallen!

Der November hell und klar
Dezember – war ein gutes Jahr!

Einmal nur

Nur einmal auf der Welt
Und unterm Himmelszelt
Nur einmal bei all den Sternen
Bei den nahen und den fernen

Nur einmal gibt es das
Nur einmal sticht das As
Nur einmal seit Ewigkeiten
In dem Laufe der Gezeiten

Nur einmal war es da
Nur einmal hier so nah
Nur einmal war es zu fassen
Nur einmal darauf verlassen

Nur einmal stand es hier
Direkt vor unsrer Tür
Nur einmal, bloß zu Öffnen war
Nur zwei Schritte hin zum Altar

Nur einmal wird es sein
Ganz klar und auch ganz rein
Du hast die Tür nun zugemacht –
Und Satan in der Hölle lacht!

Ein Stück Leben

Es lacht am Himmel der Mond
Und wer da wohl wohnt!

Es geht die Sonne wieder
Geht auf und nieder

Es liegt die Wiese im Tau
Der Himmel so blau

Es steht dort die Kuh herum
Und sie schaut nur dumm

Es fliegt ein Vogel vorbei
Mit lautem Schrei

Es schlägt der Adler ein Reh
Und tut es auch weh

Es ist Geben und Nehmen
Es ist das Leben!

Engelsgesicht

Langsam kam es rausgekrochen
Aus der Dunkelheit der Nacht
Was hatte ich verbrochen,
daß Du das mit mir gemacht!

Du sprachst von Liebe
Und von Sonnenschein

Doch schließlich gab es Hiebe
Und nur noch Einsamsein

Du kleine gelbe Ratte
Du Wurm, der sich von Totem nährt
Was ich wohl an Dir hatte
Du warst den ersten Schritt nicht wert!

Du Satan mit Engelsgesicht
Du Schlange mit Falschheit gefüllt
Du zeigtest nur Bilder, Dich nicht
Deine wahre Natur blieb strengstens verhüllt!

Modergeruch von verfaultem Fleisch
Stieg auf von Deinen Gefühlen
Getarnt, versteckt – Du stinkende Leich
Mit Messern mein Inneres zerwühlen

Du brennende Sonne im Wüstensand
Tod bringende Woge im Meer
Du mordende, faulende Hand
Du liegst auf der Seele ganz schwer

Du bist das Leben, die Wärme, die Glut
Du bist mein innerstes Ich
Du bist mehr für mich als mein Blut
Ich brauche, ich liebe Dich!

Erwacht

Sie sitzt
Und schwitzt

Sie raucht
Und braucht
Sie sucht
Und flucht
Ist schlank
Und rank
Nicht nur
Figur!
Hat Po
Und so
Sie reizt
Nicht geizt
Und schaut
Und baut
Mit Blick
Und Trick
Ist scharf
Bedarf
Nach Schlaf
Gemach
Im Bett
Sie hätt
Die auch
Mit Bauch
Beide
Scheide
Erst groß
Dann los
Mit Knall
Ganz drall
Und fließt
Ergießt

Busen
Schmusen
Lachen
Krachen
Regen
Legen
Erst ach
Dann flach
Und so
Ist froh
Verkehr
Nicht mehr
Die Welt
Bestellt
Voll Glück
Zurück
Und Eis
Sehr heiß
Sie lacht
Erwacht.

Es ist Frühling

Es ist Frühling
Und alles wird grün
Nur in meinem Innern
Herrscht tiefstes Schwarz

Die laue Luft
Die einen sonst hoffen und erwarten ließ

Bedeutet nur noch Dunkelheit
Und noch mehr Leid

Die Blumen öffnen ihre Kelche
Lockend nach den nektarsaugenden Bienen
Lebensspendend und kraftvoll
Tödlich der Stachel des Anblicks

Die Wolken am blaßblauen Aprilhimmel
Voller Lebenskraft
Du willst mit ihnen hinaus
Fort, in eine andere Welt

Es weihnachtet sehr…

Oh Buhchen mein,
wie schön kann Weihnachten sein!

Es weihnachtet sehr
Und der weiße Mann kommt mit Geschenk daher

Und was holt er dann aus seinem Sack?
Umzugskartons im Doppelpack!

So genieß ich hier die letzten Tage
Bis in meine Wohnung ich mich dann wage

Wenn im Januar die Busse rollen
Und die Touristen sich dann trollen

Dann werd´ ich in der Zeitung lesen
wo du gerade bist gewesen!

Vielleicht fällt dann ein Treffen an
mit dem andren weisen Mann!

So wünsch ich nun das Beste
zu diesem Weihnachtsfeste!

Ewig

Ewig leben
Ewig sein
Ewig streben
Ewig Wein

Ewig laufen
Ewig sehn
Ewig saufen
Ewig stehn

Ewig fühlen
Ewig hier
Ewig wühlen
Ewig Tier

Ewig reisen
Ewig weg
Ewig speisen
Ewig Dreck

Ewig Sonne
Ewig Licht
Ewig Wonne
Ewig nicht

Ewig lieben
Ewig du
Ewig sieben
Ewig zu

Ewig Ende
Ewig Schluß
Ewig Hände
Ewig Schuß

Ewig in mir
Ewig weit
Ewig zu dir
Ewig Zeit!

Fantasie

Oben viel und unten noch viel mehr
So lief sie langsam vor mir her

Ich starrte hypnotisiert
Wie das nun einmal so passiert

Sie ging den Weg noch immer
Die Gier wurde nur noch schlimmer

Sie drehte sich und stand da
Sie sprach mich an, als sie mich sah:

Sie sagte „Komm folge mir!"
Es endete im Bett bei ihr

Fauler Zauber

Eine kleine Hex
Die wollt´ mal wieder Sex
Sucht sich einen Mann
Wandte ihren Zauber an

Zauber ging ihr schief
So daß der Mann nur schlief
Und so war nix Sex
Nicht für unsre kleine Hex!

Hexen sind passée
Verschwunden, ach o weh!
Du bist nicht mehr dumm:
Weißt jetzt ganz genau, warum!

Flüchtig

Ich schaute aus dem Fenster raus
Da kam sie aus dem Haus
Ein Wagen hielt grad vor der Tür
Man brachte Koffer ihr

Sie rief dem Kutscher etwas zu
Ich sah sie an in Ruh
Noch in der Entwicklungsphase
Süße, kleine Nase

Ihre Haare wehten im Wind
Ein schönes Juister Kind

Die Kutsche fuhr, sie ging ins Haus
Die Story, die ist aus

Freudentanz

Meine Liebe ist zerfallen
Dunkle, graue Hallen
Und die Sonne sinkt ins Meer
In meinem Innern ist es leer

Wo dereinst die Blumen blühten
Ihren Duft versprühten
Wo der helle Tag gelacht
Und du viel Zeit im Glück verbracht

Da wo Bienen und wo Hummeln
Sich im Lichte tummeln
Stehn nun starr und totenbleich
Der Schnitter und sein schwarzes Reich

Sie fahren jetzt die Ernte ein
Im hellen Sonnenschein
Und vollführen in dem Glanz
Mit Todesengeln ihren Tanz!

Frühlingserwachen

Ich ging so durch die Dünen
Und dachte viel an Apfelsinen

Links von mir ein schöner Teich
Und rechts zog sich drohend hin der Deich

Der Wind blies um den Kragen
Ich spürte hell das Herze schlagen

Und der Blumen erster Duft
Denn der Frühling durchzog die kalte Luft

Die Vögel gurren schon ganz leise
Der Sommerwind, der geht auf seine Reise

Hinunter an den Strand begeben
Erwacht zu neuem, frischen Leben

Dort in der Düne saß sie dann
Und blickte mich ganz fragend an

Wie ein Verbrecher in der Nacht
Der ihren Traum kaputt gemacht

Sie stand dann auf und trat zu mir
Und ihre Frage: Was willst du denn hier!

Ich wußte nicht, was nun zu sagen war
Doch für sie schien diese Antwort sonnenklar

Der Frühling kommt mit neuem Leben
Komm, laß uns unseren Beitrag geben!

Sie war die Sonne und der Sonnenschein
Und zwischen Sand und Dünen wir allein

Der letzte Strahl der Sonne sank ins Meer
Und Dunkelheit breitete sich rings umher

Doch niemals wieder wird es Nacht
Hast du einen tag mit einem Traum verbracht!

Fünf Hunde

Fünf Hunde waren am Strande
Es war eine ganze Bande

Fünf Hunde jaulten, kläfften
Und nervten mich nach Kräften

Fünf Hunde mußten weichen
Denn Ruh´ braucht seine Leichen

Der erste wollte baden
Verlor dabei den Faden

Der zweite kam ins Stolpern
Jetzt wird er nicht mehr poltern

Der dritte fraß den Köder
Und wird nun immer blöder

Der vierte fand die Spitze
Von einer netten Spritze

Der fünfte, der sich schämte
Hernach zu Tode grämte

Fünf Hunde warn am Strande
Jetzt fehlt die ganze Bande

Für alle Zeit

Sie war ein Traum
Der wurde Wirklichkeit
Auf einmal da
Doch nur auf Zeit

Theaterspaß
Und dann sie saß so da
Dicht neben mir
Im Februar

Ein Tuch, ein Blick
Ein sanfter Augenschlag
Unsicherheit
Die man verbarg

Ein Tschüß, bis dann
Die Autotür fiel zu
Kein Kuß, kein date
Nur keine Ruh

Mutig fragen
Mit leiser Hoffnung dann
Herzensklopfen
So fing es an

Ganz leise, sacht
Noch jetzt ein stilles Glück

Der erste Kuß
Und kein Zurück

Zweifel nagen
Auf Probe alles nur
Wild zerfahren
Der Liebe Spur

Sonnenzeiten
Standen im Schatten, Schwarz
Verbundenheit
Und so viel Herz

Von Liebe sanft
Mit Hoffnung randgefüllt
Blauer Himmel
Rosa bebrillt

Verstrickt total
Der eine ist auch du
Die Zweisamkeit
Bringt dich zur Ruh

Doch dann vorbei
So plötzlich wie ein Schlag
Verständnislos
Am nächsten Tag

Nacht, Dunkelheit
Nur Gestern und kein Morgen
Zweifel, Leere
Kummer, Sorgen

Sie war ein Traum
Der war die Wirklichkeit
Ist nun ein Traum
Für alle Zeit

Für die Ewigkeit

Zu viel gesagt
Und nicht geschaut
Zu viel gefragt
Und nicht vertraut

Zu wenig Sonne
In der Dunkelheit
Zu wenig Wonne
An statt schöner Zeit

Statt zu genießen
Einfach, wie es ist
Statt zu beschließen
Du am Ziel nun bist

Solltest nehmen
Das, was sie dir gab
Solltest sehnen
Nur nach ihrem Lab´

Glücklich alle Zeit
Nichts dazwischen mehr
Glücklich, es war soweit
Was war da so schwer?

Hast es versaut
Mit deiner Dummheit
Hast sie vergrault
Für die Ewigkeit!

Geboren

Eine Möwe, gegen den Wind, hinter den Deich
Schützend, wärmend, umfangend.
Kleiner Käfer, rot, schwarze Punkte
hoffnungslos, im Sand, kriechend, suchend.
Stoff, bunt, am Mast, im Sturm, zerrend –
Weit mit hinaus – gefangen.
Eine Feder, fröhlich wirbelnd
Zum Strand, das köstliche Wasser – naß, versinkend.
Jung, das Leben – ein Blütenmeer;
Trunken, torkelnd vom Nektar.
Nicht sehen, nicht weit, nur die nächste Blume
Erwachend, fallend, welkend.
Keine Liebe, fast tot, am Boden, sterbend
Dann Du – Sonnenstrahl, ins Herz.
Erblühend im Licht, gleißend, Tautropfen im Gras
Jeder Atemzug verlangt, geboren.

Gedankensturm

Liebe, Moder und der Tod
Treue, Elend und auch Schmerz
Machen alles ganz blutrot
Färben auch Dein weißes Herz

Alleinsein und Einsamkeit
Nicht Freude und nicht Freundschaft
Für Hoffnung ist keine Zeit
Müdigkeit hat keine Kraft

Geborgenheit längst vorbei
Glaube nur an Dunkelheit
Sicherheit ist einerlei
Finsternis bricht dich entzwei

Geifer

Pummelig und klein
Ja, so muß sie sein

Harre blond und lang
Einen schwabbeligen Gang

Beine dick und fett
Das ist gut für´ s Bett

Prustend und schnaubend beim Akt
Und immer schön im Takt

Es glänzt die fettige Haut
Sie stöhnt und schreit ganz laut

Die Massen beruhigen sich
Geifer ergießt sich über dich

War es so schön und gut?
Ich spucke nur noch Blut!

Guten Appetit!

Habe Wein
Und lad´ Dich ein

Kommst zu mir
Bist wie Bier

Deine Krone
Oben ohne

Sehe Dich
Und frage mich:

Was nun tun?
Will mit Dir ruhn!

Komm herein!
Hier ist der Wein

Trink ihn aus
Und schlüpf heraus

Du bist nett
Komm ins Bett

Seh Dich an
Und Du bist dran

In Dich rein
Nur Du allein

Meine Glieder
Freun sich wieder

Und zum Schluß
Dann der Schuß!

Alles gut!
Ausgeruht

Rein geschossen
Ausgeflossen

Alles lief
Du atmest tief

Und mein Glied
War aktiv

Ist jetzt leer
Ich will noch mehr

Pralle Brüste
Fördern Lüste

Hintern drall
Und Schenkel prall

Nochmal rein
Im Traumland sein

Und am Ende
Ohne Hände

Sagt mein Glied:
Guten Appetit!

Herzweh

Es frißt und nagt
Es sticht und bohrt
Es quält und plagt
Wie Fleisch, das schmort
Tief drin in dir
Es kommt heraus
Der Schmerz in mir
Komm, mach ihn aus

Hoffnungslos

In die zehnte Klasse gehest Du
Und läßt mir keine Ruh

Ich will mit Dir gehen
Doch Du läßt mich einfach stehen

Was kann ich nur machen
Allen meinen Mut zusammenraffen?

Und wenn Du sagst nein,
Was soll dann bloß sein?

Ich bin verliebt in Dich

Ich bin verliebt in Dich
Und ich sehne mich

Nach Dir und Deiner Wärme
Und alles in weiter Ferne

Ich bin verliebt in Dich
Und ich frage mich:
Was ist es denn gewesen
War bei Dir und bin genesen!

Ich bin verliebt in Dich
Kann nicht trennen mich
Von dem, was davor geschah
Was eigentlich schon nicht mehr war!

Ich bin verliebt in Dich
Nebel bilden sich
Sie verhüllen meinen Sinn
Weiß nicht mehr, was und wer ich bin!

Ich bin verliebt in Dich
Und ich quäle Dich
Weiß nicht, warum das tue
Alles in mir ohne Ruhe!

Ich bin verliebt in Dich
Und will binden mich
Will mit Dir zusammen sein
Mit Dir und nur mit Dir allein

Ich bin verliebt in Dich
Du sagst, Du willst mich
Ich wollt´ Dir so viel geben
Wollte schenken Dir mein Leben!

Ich bin verliebt in Dich
Und es ändert sich
Weiß nicht, was ist geschehen
Augen blind, können nicht sehen

Ich bin verliebt in Dich
Und ich frage mich:
Was soll ich denn jetzt nur tun?
Mein Herz, das pocht und kann nicht ruhn!

Ich bin verliebt in Dich
Und Du, Du liebst mich
Will Dich spüren jede Nacht
Nur der Himmel hat so viel Macht!

Ich hol´ mir mehr

Und wenn ein Tier
Sitzt neben mir

Was soll ich tun?
Ich bin kein Huhn!

Ich gehe los
Was mach´ ich bloß?

Kann nur laufen
Und was Saufen

Und ziemlich voll
Kommt doch kein Zoll

Gehe Hause
Nutz´ die Brause

Und im Bette
Jede Wette

Es fragt die Frau
Und das genau:

Wo kommst Du her?
Ich kann nicht mehr!

Und dann der Mann
Er sagt ihr an:

Von draußen ich
Geschlichen mich

Bei der Tanke
Und ich danke

Hab´ gefunden
Für die Stunden

Bier, Wein und mehr
Ich freu´ mich sehr

Fußball nun läuft
Der Mann, er säuft

Die Frau, sie lacht
Und ist erwacht:

Mein Mann ist froh
Dann ist das so

Was will ich mehr?
Ich lieb´ ihn sehr

Wenn er sich freut
Und nicht bereut

Kann ich gehen
Und verstehen

Zufrieden er
Ich hol´ mir mehr!

Ich liebe Dich

Als ich Dich sah
Vor mehr als 30 Jahr
War hin und weg
Doch hatte keinen Zweck

Ich war so alt
Dein Blick, der war sehr kalt
Gingst mit andern
Was blieb mir, als wandern!

Es war Freitag
Und traf mich wie ein Schlag
War nicht geplant
Und hatte nicht geahnt

Noch am Beginn
War alles ohne Sinn
Ich ging zu ihr
Und was versprach ich mir?

Ich kam da an
Und war in ihrem Bann
Ich war verzückt
Nach ihr total verrückt

Es war zu spät
Noch ehe los es geht
Verloren ich
Kann nichts mehr retten mich!

Will Dich haben
Mich an Dir nur laben
Will Dich sehen
Und mit Dir aufstehen!

Will bei Dir sein
Mit Dir nur ganz allein
Alles geben
Nur für Dich noch leben!

Jetzt schon so weit
Will es für alle Zeit
Verlange viel
Ist nicht mehr nur ein Spiel

Nicht Affäre
Was, wenn mehr es wäre?

Und was Du bist für mich:
Ich liebe Dich!

Ich tu´s

Ich sag Dir nicht
Daß ich Dich liebe
Daß ich bei Dir bliebe
Was soll der Schmus –
Ich tu´s!

I know you know that I know

When I saw you yesterday
A stranger walked by your side
He was tall, he looked quite good
His skin was like dark wood

I know you know that I know
I know I know that you know
I know you know that I know

Oh, you didn´t think of me
And you seemed to be lucky
And then your lips they touched his
Oh and I missed your kiss

I know you know that I know
I know I know that you know
I know you know that I know

You went through the streets with him
And I followed you at home
The lights went out in your room
I assed – feeling like a groom

I know you know that I know
I know I know that you know
I know you know that I know

Today when I felt your kiss
It was like the other day
Looked at you – you smiled at me
How wonderful life could be!

I know you know that I know
I know I know that you know
I know you know that I know

Im Innern

Stark wie ein Baum
Weit wie ein Traum

Hart wie ein Stein
Und süß wie Wein

Tief wie ein Berg
Klein wie ein Zwerg

Schnell wie der Wind
Rein wie ein Kind

Lieben, leben
Lieben, geben

Fest umschlossen
Unverdrossen

Immer neu

So oft verliebt
So oft versiebt!

Immer wieder
Auf und nieder

Gefühle pur
Und Leiden nur

Dein Leben hin
Und ohne Sinn

Dann war sie da
Und was geschah!

Neues Leben
War gegeben

Was auch vorher
Das zählt nicht mehr

Wie ein Vulkan
Kam es heran

Kam über mich
Ich liebe Dich!

Im weiten Raum

Hab´ versäumt
Nur geträumt

Alles da
Was mal wahr

Doch nur schaun
Blieb ein Traum

Weil zu schnell
Du nicht hell

Viel gedacht
Statt gemacht

Und am Ende
Meine Hände

Suchten Stellen
Zum erhellen

Und sie drehten
Sich beim Kneten

Und die Lungen
Speisten Zungen

Sich berühren
Und zu spüren

Deine Wärme
Und die Sterne

Und Dein Busen
War zum Schmusen

Abgestriffen
Und gegriffen

Tief versunken
In Dir trunken

Dich zu sehen
Und verstehen

Liebe spüren
Und verführen

Zeit vergessen
Aufgefressen

Nur Erinnern
Herzenflimmern

Bist nur ein Traum
Im weiten Raum

Im weiten Raum II

Sie hatte Beine
So wie keine
Und einen Bauch
Den hatte sie auch

Die süße Kleine
War ne Feine
Du sprachst sie an
Und ihr gingt sodann

Und es war famos
Zusammen los
Sie war so frei
Mit Jugend dabei

Und ihre Augen
In dich saugen
Ihr Körper war
Einfach wunderbar

Du wolltest haben
An ihr laben
Ihre Hülle
Versprach dir Fülle

Hast sie fast verführt
Und dabei gespürt
Sie könnte sein
Wie ein guter Wein

Für immer bei ihr
Dachtest du dir
Doch das Leben
Wollt´ es nicht geben

Aus deinem Sinn
Sie ging dahin
Im weiten Raum
Blieb sie nur ein Traum!

In deiner Hand

Die Augen schmerzen
Verlöscht die Kerzen
Die Freude brachten
Im Lichte lachten

Das Leben zerrinnt
Noch eh es beginnt
Und Träume sterben
Wie Rinderherden

Des Lebens Faden
Verfault mit Maden
Und statt im Lichte
Ist es Geschichte

Was waren Träume
Und sind nur Schäume
Du dachtest Liebe
Für immer bliebe

Nichts, das ewig bleibt
Weil das Schicksal schreibt
Ohne Erbarmen
Reichen und Armen

Des Hoffens Wasser
Wird immer blasser
Und wie in Tunke
Erlischt der Funke

So kühlt die Sonne
Dich in der Tonne
Wo du begraben
Als Ziele starben

Und Licht, das dunkel
Nimmt das Gefunkel
In weiter Ferne
Wie tausend Sterne

Unten in der Gruft
Nimmt es dir die Luft
Was du dann versäumt
Bleibt ewig geträumt

In jenen Tagen (1. Version)

In jenen Tagen meiner Jugendzeit
Die Zukunft war noch weit
Da wollt´ ich schneller größer werden
Erwachsener – nichts schöner hier auf Erden!

Zur Schule ging ich nicht so gern
Wenn es nur ging, blieb ich ihr fern
Doch jetzt, wo ich nicht mehr in der Schule bin
Wie ein Zwang zieht es mich immer wieder hin

Ich will nicht mehr älter werden!
Erwachsener – nicht das Schönste hier auf Erden!
Bleiben, wie ich war als Kind –
Frei und unbefangen wie der Wind!

In jenen Tagen (2. Version)

In jenen Tagen meiner Jugendzeit
Die Zukunft war noch weit
Da wollt´ ich schneller größer werden
Erwachsener – nichts schöner hier auf Erden!

In jenen Tagen meiner Jugendzeit
Die Zukunft war noch weit
Da litt ich in der Schule sehr
Nichts haßte ich damals mehr

In jenen Tagen meiner Jugendzeit
Die Zukunft war noch weit
Da spielte ich mit Freunden jeden Tag
Bis ich müde abends in meinem Bette lag

In jenen Tagen meiner Jugendzeit
Die Zukunft war noch weit
Da kümmerte mich nicht Geld noch Macht
Wir Kinder waren glücklich und haben oft gelacht

In jenen Tagen meiner Jugendzeit
Die Zukunft war noch weit
Da redete ich mir ein
Wenn Du groß bist endlich, wird´s noch viel schöner sein

In jenen Tagen meiner Jugendzeit
Die Zukunft war noch weit
Da lebten wir in unsrer Kinderwelt
Schämten uns, wenn wir was Böses angestellt

Nach jenen Tagen meiner Jugendzeit
Nun war die Zukunft nicht mehr weit
Ich will nicht mehr größer werden
Erwachsener – das Schönste hier auf Erden?

Bleiben, wie ich war als Kind :
Frei und unbefangen wie der Wind!

Irgend

Und denkst Du
Und willst Du
Und kannst nicht –
Sehen

Und schaust Du
Und willst
Und kannst nicht –
Zurück

Und schreist Du
Und willst

Und kannst nicht –
Hören

Und windest Dich
Und willst
Und kannst nicht –
Gehen

Und zerbrichst Du
Und willst
Und kannst nicht –
Vorbei

Juister Gruß

Vom hohen Norden grüßt
Der Urlauber aus Juist
Wie gemalt vom Pinsel
Erstrahlt die ganze Insel

Sie und ich und auch er
Wir wanderten vom Meer
Zu dem gebuchten Haus
Der Prospekt sah anders aus!

Hinein und wunderbar
Ein Traum wird endlich wahr
Man nimmt es in Besitz
Jedes Flehen ist unnütz

Erstmal umgestalten
Hinaus mit dem Alten

Schrank nach links, Tisch hier rechts
Dazwischen noch zwei Beck´s

Am Abend ist´s geschafft
Mit der vereinten Kraft
Nun schnell die Scherben weg
Hier und da ein kleiner Fleck!

Hauptsache Gemütlichkeit
Das andre hat noch Zeit
Den Abwasch stehen lassen
Es gibt noch saubre Tassen

Die Kehle trinkt das Bier
Wozu denn sind wir hier?
Nach einer Woche Müll
Kommt das Ende des Idyll:

Er kommt laut schreiend an
Nur rufend: Bröckelmann!
In Panik stürzt hinaus
Sie, er, ich und es ist aus!

Kalter Hauch

Ein Kuß, ein liebes Wort, etwas Zärtlichkeit –
das fehlt mir so sehr.
Ich sehne mich danach,
verzehre mich, vergehe.

Hoffen, Zweifeln.
Nacht am Tag.

Dunkelheit im Licht.
Erwartung mit Wissen des Nichts.

Nur ein Lächeln, eine sanfte Berührung.
Ein Hauch einer Aufmerksamkeit.
Nicht die wärmende Nähe der Geliebten;
Der kalte Hauch des Todes!

Kein Versprechen

Will Dich sehen
Alles drehen
Will Dich haben
Deine Gaben

Will Dich lieben
Mit den Trieben
Will Dich drücken
Und zerpflücken

Will Dich spüren
Und berühren
Will Dir bringen
In Dich dringen

Will die Brüste
Die voll Lüste
Will die Scheide
Nur uns beide

Will Dich beißen
An Dir reißen
Will Dich verführen
In Dir rühren

Will Dich für mich
Und mich für Dich
Will uns zweisam
Und nicht einsam

Will nicht Reue
Sondern Treue
Will genießen
Nicht verdrießen

Will nicht denken
Einfach schenken
Will von der Zeit
Unendlichkeit

Kernkraft hin Kernkraft her

Kernkraft hin Kernkraft her
Was ohne sie wohl wär´?
Würden wir im Dunkeln sitzen,
Oder nachts auch weiter schwitzen?

Würd´ es weniger Autos geben?
Die Luft wär´ wieder klar!
Doch könnten wir noch leben?
Denn CO_2 wär´ rar!

Kranz aus Ewigkeit

Und strahlte die Sonne am Himmel
Und der Mond in seinem Kranze
Und ritte der Nachtwind auf einem Schimmel
Und der Tag erhellte das Ganze

Und stählte der Sand das Verlangen
Und spülte die Woge die Leidenschaft
Und ergoß sich der Schaum dem Bangen
Und spürte die Gischt der Jugend Kraft

Und Romeo und Julia im Glück
Und Orpheus und Eurydike als Paar
Und gäbe es kein Zurück
Und würde das alles wahr

Und bebte die Erde von Sinnen
Und bräche die Welt entzwei
Ginge Deine Liebe von Hinnen
Es wäre doch alles vorbei

Kreislauf

Liegt der Körper auch darnieder
Die Gedanken sprudeln wieder
Im Kopfe macht sich langsam breit
Der Aufbruch in die neue Zeit

So tickt und rennt das Jahr vorbei
Vielleicht sind wir am Ende frei

Und Hoffnung keimt aus Schwarz hervor
Bringt sanfte Töne an mein Ohr

So lausch ich denn und höre zu
Und warte auf ein bißchen Ruh
Man sieht nach hinten nur, warum?
Der Mensch er ist und bleibt doch dumm!

Nicht im Gestern und im Morgen
Im Heute liegen unsre Sorgen
Drum schau nicht vor und nicht zurück
Genieß es hier und jetzt, dein Glück!

Kurz gesagt...

Alles ist Scheiße und der Rest Mist!

Bei so einem Grabstein,
da hat man was für´s Leben!

Berge der Versuchung,
die zu Inseln des Glücks werden könnten!

Da könnte ich ausrasten,
wenn es nicht einrastet!

Das Herz des Menschen will Gutes tun:
Dem, der es trägt!

Das Irren ist weiblich
Die Irren sind männlich

Der doppelte Radius ist die Hälfte
Vom zweifachen Durchmesser

Der Glaube des Menschen liegt in der Erklärung

Der Glauben versetzt Berge.
Nur, manchmal sollten sie lieber dort bleiben,
wo sie sind!

Der Mensch ist nicht dazu erschaffen,
Glück zu ertragen.
Er sucht – und findet –
Auch im höchsten Gefühl der Freude:
Immer wieder den Stachel des Schmerzes!

Der Mensch ist rational – Wahre Liebe irrational

Der Mensch ist treu; solange er Untreue vermeiden kann!

Der Tisch ist voll leicht!

Die größten Ideen sind aus Träumen entstanden!

Die Hand ist zu – Nu hast Du Ruh´!

Die Intelligenz des Menschen äußert sich in seinem
Verhalten gegenüber anderen Affen.

„Die Sonne pumpt Kraft in mein Hirn!" sagte er.
Dann legte er die Hand auf ihre Brust –
Und sein Penis erhob sich!

Die Vernunft des Menschen besteht in seiner
grenzenlosen Unvernunft

Die Weisheit des Menschen ist wie eine
Sprudelnde Quelle in der Sahara!

Du hängst im luftleeren Raum und
ertrinkst am Sauerstoff!

Du sollst keine anderen Haustiere haben
neben deiner Frau!

„Einen Cocktail mit Re-Fill!"
„Was ist denn das?"
„Das ist, wenn ich voll bin, wenn er leer ist!"

Einer der Täter hat was damit zu tun!

Einseitige Liebe ist wie ein Tag ohne Sonne!

Es gibt Menschen, die mit dem Kopf arbeiten
Es gibt Menschen, die mit den Händen arbeiten
Und es gibt Menschen, die denken.

Es ist nie so wie es ist,
denn es könnte immer anders sein

Es ist viel schwerer, einen Fehler zuzugeben
Als ihn zu machen!

Es ist wie es ist und wenn es sich verändert,
dann ist es anders!

Fichten sehen gut aus, wenn sie einzeln in
der Gruppe stehen!

Früher habe ich alles genagelt.
Jetzt schraube ich lieber.

Gönnen Sie ihrer Frau etwas Ruhe,
gehen Sie in die Truhe!

Ich lerne zwar langsam und schwer,
aber wenn ich´s erstmal kapiert habe,
vergess´ ich´s auch schnell wieder!

Ich sehe durch die Kamera – nicht durch das Wort

„Kocht Deine Frau nicht?“
„Doch, die kocht immer – wenn ich da bin...“

Liebe ist etwas, daß man nicht erklären kann –
Hat man es erklärt, ist es keine Liebe mehr!

Liebe fordert nicht, sie gibt
Und dadurch, daß sie gibt, erhält sie!

Liebe und Haß liegen näher beieinander als man denkt!

Manchmal dauert´s ewig, manchmal länger.

Man wacht morgens auf und fragt sich:
Warum eigentlich?
Man schläft abends ein und fragt sich das Gleiche!
Man träumt und fragt es sich wieder

Man stirbt und die Antworten fangen an

Nehmet meine Schuhe und gehet hin,
auf daß die Erde entvölkert wird!

Nehm ich den Hammer in die Hand
Hab´ ich ein Loch bald in der Wand!

Nie war sie so häßlich wie heute...

Sie können stehen, bis sie sitzen,
weil sie gestanden haben!

Singt der Vogel auf dem Ast
Kommt der Mann bald aus dem Knast!

Was sagt man heute nach einer guten Party?
Vor dem Heiern kommt das Reiern!

Was sind Worte im Vergleich zu Gefühlen?

Wenn dich küßt die Muse
Greif ihr in die Bluse!

Wenn du einen Fehler erkannt hast,
bekämpfe ihn.
Wenn du ihn bekämpft hast,
sieh ein, daß es sinnlos war!

Wenn jetzt hier kein Nebel wäre,
dann könnte man richtig weit sehen!

Wir denken, daß wir glauben,
daß wir sicher sind, anzunehmen...

Wir sehen viel besser aus, als wir riechen!

Wir sind nördlicher Süden oder südlicher Norden –
Aber auf jeden Fall Westen!

Liebe ist wie Brot

Liebe ist wie Brot
Alles rot
Und tot
Und ohne Not!

Limerick 1

Es war in San Francisco
Da ging ich in `ne Disco
Als ich Dich sah
War alles klar
Nun ist das Baby da

Limerick 2

Bei München macht es bumm
Dann war die Karre stumm
Sie stand im Schnee
Es tat mir weh
Und nun zu Fuß ich geh´

Limerick 3

Es stand ein Haus in Bonn
Auf dieses schien die Sonn´
Sie schien am Tag
Weil ich das mag
Und sonst da eß ich Quark

Limerick 4

Es stand ein Haus in Bonn
Auf dieses schien die Sonn´
In dem Haus
Da lebt ´ne Maus
Der blas´ das Licht ich aus

Lust auf Frust

Nun bist Du weg
Hat keinen Zweck
Sich zu plagen
Und sich fragen:

Warum denn nur?
Warst du zu stur?
Warst du zu dumm?
Nun, Bienchen summ!

Wir sprachen doch
Und liebten noch

Und waren frei
Liebe dabei

Und spielten froh
Manchmal im Stroh
Wo wir standen
Freude fanden

Auf einmal dann
Wann fing es an!
Warst Du so stumm
Ich stand nur rum

Und wußte nicht
Was Dich zerbricht
Und dachte viel
Setzte aufs Spiel

Was wir hatten
Dunkle Schatten
Zogen dann auf
Nahm sie in Kauf

Ich haute drauf
Wachte nicht auf
Marterte Dich
Tötete mich

Die Liebe schwand
Die uns verband
Nichts blieb nun mehr
Es wurde leer

Dann gingst Du fort
Ohne ein Wort
Ich spürte schon
Den wehen Ton

Ein andrer kam
Ein neuer Schwarm
Schwarz ist der Tag
Der vor mir lag

Nun sitze ich
Und quäle mich
Und klage an
Dich dann und wann

Dabei ja nur
Ich bin so stur
Ich habe Lust
So Lust auf Frust!

Manchmal

Manchmal wünsch´ ich mir...
Ohren zu haben
Und dann...
Hören zu können

Manchmal wünsch´ ich mir...
Augen zu haben
Und dann...
Sehen zu können

Manchmal wünsch´ ich mir...
Mut zu haben
Und dann...
Gehen zu können

Manchmal wünsch´ ich mir...
Kraft zu haben
Und dann...
Bleiben zu können

Manchmal wünsch´ ich mir...
Frei zu sein
Und dann...
Leben zu können

Mehr bist Du nicht

Die Liebe war
Mitunter zwar
Ein bißchen hart
Doch ganz apart

Ein Kuß von Dir
Ein Kuß von mir
Getaucht in Licht
So war es – nicht?

Es gingen zwei
Dann war´s vorbei
Ich frag: Wieso?
Du sagst: No, no!

Ich sitz´ nun da
Bin kein Papa
Und ohne Dich
Vergaßt Du mich

Für mich allein
Nur einsam sein
Du lebst weiter
Froh und heiter

Ein andrer Ort
Und weit, weit fort
So mir nur blieb
Ich hatt´ Dich lieb´!

Und in mir drin
Entschwand der Sinn
Die Tage lang
Die Frage bang

Verdrängt von mir
Wie steh zu ihr?
Nach ihr geschaut
Mich nicht getraut!

So Zeit vergeht
Hoffnung verweht
Die Liebe bleibt
Von Neuem treibt

Aus nichts empor
Was einst erfror

Geblieben ist
Was Du mir bist:

Du bist mein Leben
All mein Streben
Welt, Sonne, Licht –
Mehr bist Du nicht!

Meine Rosenknospe

Meine Rosenknospe,

Ich möchte –
Dein heißer Atem
Der Balsam Deiner kühlen Lippen
Deine weiche Haut

Nie wieder –
Deine Nähe, die Geborgenheit
Das Vertrauen und die Zuversicht

Nie wieder –
Hoffen, verstehen, leben

Meine Rosenknospe ist erblüht

Meine Tochter

„Meine Tochter hat nen Freund, nen festen"
„Ist das denn auch zu ihrem Besten?

Die Schule, die geht doch vor –
Flüster ich meiner in das Ohr!"

„Miteinander haben sie auch schon geschlafen
Doch dafür werd´ ich sie nie bestrafen –
Solange sie nur aufeinander liegen
Und dabei keine Kinder kriegen!

Sie sollen ja ihre Freude haben!
Und sich daran fleißig laben!
Doch, kuscheln und auch nachts zusammen sein?
Nein, dafür sind sie wirklich noch zu klein!"

Menschenglück

Das Glück des Menschen ist
Sein Unglück
Aber weißt Du, es gibt Dinge,
die mich unmenschlich machen!

Mit Dir zu zweit

Und gab ich Dir mein Herz
Und bleibt mir nur noch Schmerz

Kein Wort, kein Ton kommt mehr von Dir
Traurigkeit und Leere, die sind in mir

Die Wunden schließt und heilt die Zeit
Doch dahin noch ist es sehr weit

Was mir bleibt, ist nichts als Jammer
Drum schließ´ mich ein in meiner Kammer

Die Sonne strahlt nur Dunkelheit
Es war sehr schön, mit Dir zu zweit

Mit Windrose zu reisen

Mit Windrose zu reisen
Das gleicht den guten Speisen!

Der Service ist perfecto
Und auch der Intellecto!

Kleine Gruppen garantiert
Reiseleiter engagiert!

Nach der Schlacht

Sonne, lächelnd in der Dunkelheit
Hell, strahlend in der Nacht
Licht, Sterne, Hoffnung – weit
Leere, Finsternis, nach der Schlacht

Und die Nacht umfängt, was sterbend lag
Bleicher Mond am Himmel
Unheimlicher Vertrag
Toter, rabenschwarzer Schimmel

Und den Todesatem bringt der Tag
Verwesung in der Luft

Kalter Flügelschlag
Schließt die Hoffnung in die Gruft

Und spricht das Ende: Komm, sei mein Gast
Kein Leiden und kein Schmerz
Hier Ruhe und ewigliche Rast
In Glück und Freiheit ohne Herz

Und die Fesseln der Vergangenheit
Die Wunden voller Blut
Du wirst davon befreit
Verbrennend in des Feuers Glut

Und im Schwarz zerrinnt die Menschlichkeit
Kraft der dunklen Heere
Suchtest Geborgenheit
Wurdest nun erfüllt mit Leere

Nächtlich

Es nagt die Gier
Es nagt die Lust
Du bist nicht hier
Was für ein Frust!

Will Dich haben
Und Dich spüren
Will mich laben
Dich verführen!

Will Dich küssen
Und Dich kosen

Lieben müssen
Rote Rosen

An Dich drücken
In Dich dringen
Uns verzücken
Lustvoll ringen

Welt vergessen
Nur Du und ich
Wie versessen
Bin ich auf Dich

Will Dich fressen
Und verspeisen
Auf Dich pressen
In Dich reisen

Alles fühlen
Bis zum Ende
In Dir wühlen
Ganz behende

Blut verspritzen
An Dir saugen
Auf Dir sitzen
Mit den Augen

Deine Beine
Und die Füße
Und dann meine
Goldne Süße!

Welt enthoben
An der Decke
Wir ganz oben
Dunkle Flecke

An Dir hängen
An Dir reißen
Dich versengen
Und Dich beißen

Der Liebe Macht
Unendlichkeit
In dieser Nacht
Uns zwei befreit!

Verschmolzen nun
Zu einem ganz
Jetzt auszuruhn
Von diesem Tanz

Ne schöne Zeit

Vergangenheit
Ne schöne Zeit
Mit Wärme und
Fast immer bunt

Mit Liebe pur
Und Freude nur
Mit Küssen hier
Und Du bei mir

Mit Leidenschaft
Und voller Kraft
Und Gott dabei
Und nur wir zwei

Die Zukunft hier
Unendlich schier
Ohne Fragen
Nur mit Sagen

Die Antwort Du
Das gab mir Ruh´
Träume lebten
Um uns schwebten

Fiktion war wahr
Bis zum Altar
Glocken klangen
Engel sangen

Nichts auf der Welt
Hätt´ es entstellt
Die Nacht war Tag
Weil ich Dich mag

Das Dunkel fort
Durch jedes Wort
In Deinem Blick
Sah ich nur Glück

Die Urgewalt
In Menschgestalt

Ziel und Pforte –
Ohne Worte

Neu

Januar, nicht so schön
Januar, mußt vergehn!
Februar ist da! - Januar vergangen!
Februar ist da! - Neu anfangen!

Nicht der Film

Ich war mein Leben lang ein Träumer.
Und jetzt wirfst du einen Stein gegen die Scheibe.
Stehst vor der Tür, wir fallen uns in die Arme.
Und die Sonne geht auf in der Nacht.
Das ist Film.

Ich liege alleine in meinem Bett.
Die Tränen laufen mir über das Gesicht.
Ich bin alleine und fühle mich leer und einsam.
Du bist ferner als fern.
Das ist das Leben!

Nichts

Sehe Sonne, sehe Licht
Sehe alles – nur Dich nicht!

Spüre Wärme, spüre Kraft
Wollte leben – nicht geschafft!

Bist gegangen, bist nun fort
Bist gegangen – ohne Wort

Nicht verstehen, nicht gesehen
Nicht verstehen – geschehen

Ohne Liebe, ohne Treue
Ohne Zukunft – ohne Reue

Sehe Dunkel, sehe Schächte
Lange, schwarze – Nächte!

Nicole

Nichts erhofft und nichts erwartet
Morgens einfach nur gestartet

Sah Dich gehen und dann stehen
Und es war um mich geschehen

Deine Stimme, Deine Worte
Wünschte mich an viele Orte

Deine Nähe gab mir Wärme
Sah mit Dir dann Mond und Sterne

Wollte küssen, wollte lieben
Ist beim Wollen auch geblieben

Es war für mich dann doch zu viel
Nicht einfach nur ein kleines Spiel

Noch als Du da, vermißt ich Dich
Gedanken viele plagten mich

Ich weiß nicht, was ich machen soll
Der Kopf, das Herz ist alles voll

Hab´ mich verliebt in Dich, jawoll
Beim ersten sehen sofort, Nicole!

Nie ganz

Ich glaube schon
Ich liebte Dich
Wenn nicht –
Was war es dann für mich?

Wenn Liebe gibt
Und nicht nur nimmt
Dann ja –
Wenn das denn so auch stimmt!

Wenn du nicht siehst
Was dir passiert
Und schaust –
Und nichts davon kapierst!

Wenn du dich fragst
Und keiner sagt

Warum?
Und dich die Frage plagt

Das spricht dafür
Daß du geliebt
Doch halt –
Ganz schnell bist du durchsiebt!

Du nicht verstehst
Was nun geschah
Tja, Pech –
Stehst dann alleine da!

So Liebe ist
Si kommt, sie geht
Auch wenn –
Man sie nie ganz versteht!

Nochmal

Ein Augenblick – nicht mehr
Ein Augenblick – nicht lange her!

Ein Augenblick – so oft
Ein Augenblick – wieder gehofft!

Ein Augenblick – vorbei
Ein Augenblick – nur für uns zwei!

Ein Augenblick – nochmal?
Ein Augenblick – bis dahin Qual!

Ein Augenblick – ganz lang
Ein Augenblick – der uns verschlang!

Ein Augenblick – steht still
Ein Augenblick – wenn jemand will!

Kein Augenblick – die Zeit
Kein Augenblick – für uns bereit!

Nur im Bösen

Sehe Dunkelheit statt Licht
Und weiß und weiß es nicht!

Liebe mit ganzem Herzen
Bringt nur große Schmerzen

In meinem Kopf zwei Frauen
Bescheren mir das reinste Grauen

Nur eine kann man lieben
Weg die andere muß man schieben

Welche von den beiden
Soll denn aber bleiben?

Keine Ruhe und kein Schlaf
Fühlst dich wie ein Schaf

Kannst es nicht lösen
Im Guten – nur im Bösen

O du fröhliche

O du fröhliche, o du selige
Gabenbringende Weihnachtszeit

Sinn ging verloren
Konsum ward geboren
Fülle, fülle dich du Gabentisch

O du fröhliche, o du selige
Gabenbringende Weihnachtszeit

Konsum ist erschienen
Uns zu bedienen
Fülle, fülle dich mein Gabentisch

O du fröhliche, o du selige
Gabenbringende Weihnachtszeit

Gebt ihm die Ehre
Seinen Reichtum mehre
Füllet, füllet ihm den Gabentisch

Offen

Sonne scheint auf dieses Land
Blumen, Bienen, Bäume
Glück durchzieht es wie ein Band
Felder, Wiesen, Zäune

Die Menschen laufen strahlend
Springen, Tanzen, Singen
Am blauen Himmel malend
Lachen, Rufen, Klingen

Ich stehe da und staune
Wärmen, lieben, hoffen
Es drückt auf meine Laune
Sterben, leben, offen

Ohn Wort

Nicht rein
Nicht raus
Und doch
O Graus

Steht da
Und schaut
Ist wahr
Ist Braut

Ist jung
Und drall
Ein Sprung
Vorm Fall

Du gehst
Auf sie
Und stehst
Wie nie

Es ist
So toll
Kein Mist
Und voll

Am End
Sie fort
Behend
Ohn Wort!

Ohne Lot

Ja und nein
Nicht und sein
Hier und da
Ist und war

Hin und weg
Ohne Zweck
Ohne mich
Ohne Dich

Ganz nah hier
Da bei Dir
Und Du sagst
Und nicht fragst

Und ich seh
Wenn ich steh
Dich dann an
Und was dann?

Du grinst nur
Keine Spur
Ist in Dir
Die sagt mir

Was Du denkst
Wenn Du schenkst
Was Du hast
Ohne Last

Alles hier
Schreit nach Dir
Wenn Du gehst
Nicht verstehst

Und ich seh
Kein okay
Und mein Hirn
In der Stirn

Ist schachmatt
Und ich platt
Du warst bist Traum
Will Dich schaun

Bist nun fort
Ferner Ort
Nicht mehr nah
Und nicht da

Bin allein
Will nicht sein

Ohne Lot
Und ganz tot!

O Malbuhbaum

O Malbuhbaum
Wie stinken deine Blätter

O Malbuhbaum
Du faulst nun schon so lange Zeit

O Malbuhbaum
Drum ist mir übel nicht nur heut´

O Malbuhbaum
Jetzt wirste richtig umjehaun!

Paradox

Es ist nicht auszuhalten
Nicht neu, nicht beim Alten!
Es kommt nie zurück.
Vergangnes Glück.

Damals nicht beachtet.
Jetzt danach geschmachtet.
Was Du hast versäumt,
jetzt davon geträumt.

Bäum´ Dich auf!
Lauf doch hinauf!

Gib Dich, wie Du bist
Und ist auch alles Mist.

Es wird nie anders sein
Du selbst bist klein.
Nutze es solang es geht
Vielleicht ist es bald zu spät

Und dann sitzt Du da:
Ach, hätt´ ich ma!

Poesie

So bin ich denn besoffen
Und weiß nicht, was ich tu
So schrieb ich denn zu Dir
Du dumme, blöde Kuh!

Reife

Als ich Dich sah
Warst Du ein Kind
Doch es war da
Und machte mich blind

Ich liebte Dich
Von Anfang an
Du dann auch mich
Mal irgendwann

Du warst ein Kind
Ich schon zu alt
Wie Kinder sind
Ich merkt´ es bald

Doch ließ nicht los
Gab Dir die Kraft
Du wurdest groß
Hast es geschafft

Nun bist Du Frau
Und ich allein
Ich war so schlau
Und bin so klein!

Erwachsen nun
Und ohne mich
Mit neuen Schuhn
So sieht man Dich!

Er ist bei Dir
Ich bin nun fort
Was soll ich hier?
Gib mir ein Wort!

Die Bibel sagt,
Was mir passiert:
Hab´ mich geplagt;
Er hat kassiert!

So leb´ ich denn
Mit Zuversicht

Daß ich Dich kenn´
Und Du mich nicht!

Bleib Dir nur treu
Und lebe froh
Ich bin nur Spreu
Und sowieso:

Bin viel zu alt
Und viel zu dumm
Bin doch nur kalt
Und auch schon krumm!

Ich bin nun tot
Und ohne Sinn
Das Blut ist rot
Und ich bin hin!

Ribbeck

Ob Birne, Apfel oder Buchen
Wir sitzen hier zum Kuchen

In der Sonne auf der Bank
Bei einem kühlen Trank

Vögel zwitschern, Hähne krähen
Die Kirch´ war sehr schön anzusehen

Der Birnbaum wächst und ist noch klein
Doch bald schon wird er größer sein

Viel Erfolg beim Restaurieren
Von uns allen Vieren!

Rundtour

Nun fährt der Bus nach Westen
Mit allen seinen Gästen

Er hält mal hier, hält mal da
Film und Foto: Ja, ja, ja

Die Sonne brennt hernieder
Es schmerzen alle Glieder

Dein Bettchen weich zu Hause
Was gäbst du für ne Pause!

Zwei Wochen wärt die Folter
Mit Müller, Schneider, Wolter

Und bist zu Hause wieder
Da legst dich erstmal nieder!

St. Englmar

Es war einmal, es war
Ohne Schnee und ohne Eis
Ein Winter in St. Englmar
Da war es schrecklich heiß

Wir wanderten von Ort zu Ort
Sahen Arber, Lusen und noch mehr
Die Zeit verging, wir mußten fort
Der Abschied fiel uns schwer

Es geht nun wieder nach Berlin
Doch ein Stückchen bleibt zurück
Die Landschaft zieht dahin
Wir hatten wirklich Glück!

Schatten

Schatten fällt auf ein Gesicht
Schatten fällt, ich seh´ es nicht

Schatten fällt auf ein Gesicht
Nimmt ihm all sein helles Licht

Schatten, der so weit hinfort
Ist so nah auf einmal dort

Schatten fällt ins Herz hinein
Schatten nimmt den warmen Schein

Schatten nach der Helligkeit
Schatten und das Licht so weit

Schatten, der die Kälte bringt
Schatten mit dem Leben ringt

Schatten fällt auf das Gesicht
Schatten, der das Herz zerbricht

Schatten nimmt das Spiegelbild
Schatten und zerstört das Schild

Schatten, wenn er kommt zu mir
Schatten – und ich ruf´ - nach Dir!

Schrumpeldi und Schrumpeldei

Schrumpeldi und Schrumpeldei,
die Spielten mit nem Hühnerei
Schrumpeldidi, Schrumpeldidei
Spielten mit nem Hühnerei

Schrumpeldi und Schrumpeldei,
ließen fallen das Hühnerei
Schrumpeldidi, Schrumpeldidei
Ließen fallen das Hühnerei

Schrumpeldi und Schrumpeldei,
die schrien dann auwei, auwei
Schrumpeldidi, Schrumpeldidei
Schrien dann auwei, auwei

Schrumpeldi und Schrumpeldei,
da kam auch schon die Polizei
Schrumpeldidi, Schrumpeldidei
Kam auch schon die Polizei

Schrumpeldi und Schrumpeldei,
die fahren mit der Polizei
Schrumpeldidi, Schrumpeldidei
Fahren mit der Polizei

Schrumpeldi und Schrumpeldei,
die sitzen im Gefängnis, hu
Schrumpeldidi, Schrumpeldidei
Sitzen im Gefängnis, hu

Das war die Geschichte
Schrumpeldidi, Schrumpeldidei
Die Geschichte von
Schrumpeldi und Schrumpeldei,

Schwere Schatten

Schwere Schatten auf mir liegen
Schwere Schatten, die mich kriegen!

Schwere Schatten, die mich suchen
Schwere Schatten, zum Verfluchen

Schwere Schatten, die mich finden
Schwere Schatten und dann binden

Schwere Schatten bei mir blieben
Schwere Schatten mich besiegen

Schwere Schatten sie zerschneiden
Schwere Schatten mit uns beiden

Schwere Schatten sind am Boden
Schwere Schatten dann zerstoben

Schwere Schatten, die müssen fort
Schwere Schatten sprich Du das Wort!

Schwere Schatten sind nie wieder
Schwere Schatten, nun blüht Flieder

Helles Strahlen in den Herzen
Helles Strahlen ohne Schmerzen

Helles Strahlen Deine Liebe
Helles Strahlen ist der Friede!

Sechzehn

Mit sechzehn – kaum eine Frau
Kriegt sie ein Kind
Sie weiß es ganz genau
Wie dumm wir manchmal sind

Doch ist dumm das Wort
Was ist so schlimm daran?
Es liegt an Zeit und Ort
Ist es da, was kommt dann?

Sie eine Schülerin
Er ein Student
Wo liegt da der Sinn?
Nur nach dem Geld man rennt!

Die Eltern Vorwürfe machen
Sie hätte sich vielleicht gefreut
Kann sie da noch lachen!
Sie hat geliebt – und nun bereut

Das Natürlichste von der Welt
Es ging früher – warum nicht jetzt!
Wenn man nur zusammen hält
Sich nicht gegenseitig zerfetzt!

Wenn sie es jetzt nicht will – Ich kann´s verstehen
So jung – zu jung vielleicht – ist sie noch
Trotzdem würde ich nie von ihr gehen
Aber: Wenn sie es will – ich will es doch!

Sie überlegt noch

Sie liebt ihn
Warum eigentlich sollte sie?
Sie liebt ihn nicht
Natürlich liebt sie dich
Sie muß es einfach tun!
Sie liebt ihn
Nein
So ein Quatsch, wäre ja noch schöner!
Ja
Sie überlegt noch
Sie denkt nach
Warum sollte sie
Er ist doch so gar nicht ihr Typ!
Und überhaupt, wie er rumläuft!
Was er sagt und denkt
Mit dem kann sie sich doch nirgends sehen lassen
Schämen muß sie sich
Sie überlegt noch

Merkt und denkt
Lange
Sie überlegt noch
Sehr lange
Nur nichts übereilen
In Ruhe alles abwägen
Er wird schon warten
Vielleicht kommt da ja noch ihr Ideal
Oder es war nur ein Strohfeuer!
Nur nicht binden
Nur kein Bißchen von der eigenen Freiheit aufgeben
Nur kein Risiko eingehen
Ganz auf Nummer sicher
Dann kann doch gar nichts passieren
Sie überlegt noch
Lange
Sehr lange
Zu lange

Sinfonie

Es kommt ein Tag
Da sieht alles anders aus
Da ist vorbei, was Du nicht gewollt
Nicht mehr da, woran Du nie gedacht
Es kommt dieser Tag
An dem Hell und Dunkel Eins werden
In Finsternis und Licht
Und dann, an diesem Tag, kann ich es
Dir sagen; vielleicht

Sommerfreuden

In der Schlange stehen
Noch ne Runde drehen

Auf den Flieger warten
Neues Prüfen deiner Daten

Gepäck dann auf das Band
Koffer, voll bis an den Rand

In der Hand die Tasche
Die eine mit der Lasche

Für die Fotos alles drin
Da macht Reisen Sinn

Drängel, Schubs und Stoß
Gleich geht's wirklich los

Nach ner halben Stunde
Steht gemütlich noch die Runde

Manchmal dauert´s länger
Manchem wird schon bänger

Hoch die Angst, sie kriecht:
Was, wenn er jetzt nicht fliecht?

Doch dann, man atmet auf
Und alles nimmt nun seinen Lauf

Gemütlich schiebt sich jeder vor
Hinaus durchs große Tor

Man sitzt im Flieger nun
Und muß nichts weiter tun

Nur warten auf die Landung
Und danach liegen in der Brandung

Dicht an dicht am Badestrand
Holt man sich seinen Sonnenbrand

Und ist von ihm man dann genesen
War´s mit dem Urlaub das gewesen!

Sonne

Sonne strahlt auf ein Gesicht
Sonne strahlt, ich seh´ es nicht.

Sonne strahlt auf ein Gesicht,
taucht es ein in gleißend Licht.

Sonne, die am Himmel hoch,
Ist so nah auf einmal doch.

Sonne dringt ins Herz hinein
Sonne und ihr warmer Schein.

Sonne nach dem Regen scheint
Sonne und das Saatkorn keimt.

Sonne, die verdorren kann
Sonne, bringt auch Leben an.

Sonne scheint in das Gesicht,
und sich dann im Herzen bricht.

Sonne bringt das Spiegelbild
Sonne schützt mich wie ein Schild.

Sonne, wenn sie bei mir ist
Sonne ist, was Du mir bist!

Sonne im Dezember

Sonne im Dezember
Scheint vor meinem Fenster
Sonne im Dezember
Licht und Schatten bringst du mir

Sonne im Dezember
Deine Strahlen wärmen
Sonne im Dezember
Doch sie dringen nicht bis hier

Sonne im Dezember
Blauen Himmel zeigst du
Sonne im Dezember
Und mein Herz das ruft nach Dir

Sonne im Dezember
Nun bist du gegangen

Sonne im Dezember
Ob ich dieses Spiel verlier?

Sonnenlicht

Das Licht der Sonne
Gibt die Wärme
Gibt den Schutz
Und die Geborgenheit

Doch das Licht der Sonne
Ihre Wärme
Trocknet auch aus und verdörrt,
Was Leben sollte unter ihr

Es bringt den Tod und bringt das Ende
Qualvoll und lächelnd
Ohne Gnade und ohne Mitleid
Herzlos und kalt!

Sonnenstrahlen

Und als der Tag sich senkte
Und wollte dann zu Bett
Und viel der Nacht so schenkte
Da fand ich das sehr nett

Doch dann, dann kamen Fragen
Nach dem Was und dem Warum

Und konnte mir nichts sagen
Und war dann nur noch stumm

So blieb in mir die Leere
Ein ungefüllter Raum
Und voll von süßer Schwere
Da gab es einen Traum

Dann kamst Du in mein Leben
Und alles war so neu
Ich konnte wieder schweben
Und weg war alle Scheu

Du gabst Sonne mir und Licht
So ist es heute noch
Darum bleib´ und gehe nicht
Ich lieb´ und brauch´ Dich doch!

Spiegelbild

Sie trat in dein Leben
Wie die Sonne in den Tag
Verwischte die Dunkelheit
Spaltete die grauen Schleier der Nacht

Sie baute dich auf
Und füllte dich mit Kraft
Spülte die Vergangenheit ins Nichts
Und wurde das Licht in der Finsternis

Ihr Lachen glich dem Frühling
Und ihr Wesen dem ersten Morgentau

Sie erfüllte alles mit gleißendem Licht
Und wurde die Hoffnung in der Unendlichkeit

Sie war ein Spiegel deiner selbst
Die Reflexion deines Innersten Ich
Und sie strahlte zurück, was du gabst
Und als du leer warst, da erlosch sie

Spiegelscherben

Norwegen in der Ferne
Die Trauer tief im Herz
Und über mir die Sterne
Und in mir nur der Schmerz

Der Wind bringt auch nur Sterben
Den Tod und alles Leid
Der Spiegel liegt in Scherben
Und heilt ihn auch die Zeit

Wieder wird er zerschlagen
Von einer andern Hand
Und liegt zerstört im Magen
Wie eine Burg aus Sand

Die Hoffnung baut ihn wieder
Als hohen Turm hinauf
Ein Windhauch reißt ihn nieder
Und Hagel haut noch drauf

So bleibt nicht viel am Ende
Nur die Splitter weit zerstreut
Und wenn ihn einer fände
Glaub´ nicht, daß der sich freut!

Sprießend

Wenn erwachsen wird das Mädchen
Freun sich viele in dem Städtchen
Denn es sieht ganz anders aus
Und ist reiner Augenschmaus

Wenn es geht dann durch das Städtchen
Junges, holdes, schönes Käthchen
Sehn sich alle nach ihr um
Und sie schaun ihr nach ganz stumm

Wenn es spricht dann mit dem Buben
Denkt der nur noch an die Stuben
Und er spricht zu ihr ganz nett
In Gedanken schon im Himmelbett

Wenn sie geht am Abend tanzen
Männer folgen wie die Wanzen
Drehn und kreisen mit ihr dann
Und die Frage lautet: Wann?

Wenn die Nacht dann ist gekommen
Und das Fenster ist erklommen
Liegt sie in dem Bett so rein
Und sie sagt: Komm, tritt herein!

Suche

Und Sonne scheint
Und Sonne lacht
Ein schöner Tag
Hast du gedacht!

Du kannst ruhen
Und genießen
Siehst die Blumen
Die da sprießen

Und der Himmel
Blaue Weite
Schaust nach oben
Und zur Seite

Alle Freiheit
Kann es geben
Mußt nur finden
Sie im Leben!

Summer Days

Und Tage in der Sonne
Und Tage mit Wind
Sie waren voll Wonne
Für dich als Kind

Und die Strahlen wärmten
Hummeln und Bienen

Sie summten und schwärmten
Sorglos schienen

Und im Schatten der Bäume
Du sprichst ganz frei
Es gab keine Zäune
Liebe dabei

Und in den Armen der Nacht
Und mit Dunkelheit
Gab es nur eine Macht
Die Ewigkeit

Und aus der Jugend heraus
Erwachsen nun sein
Die Kindheit ist dann aus
Und Du bist klein

Und es geht nicht mehr zurück
Danach – Du warst dumm!
Weg geworfenes Glück
Für immer stumm!

Und zu spät siehst Du es ein:
Auch kämpfen muß man
Für seine Liebe sein
Und Anja: dann!

Tanz

Zwei Körper umschlungen
Zwei Körper ganz eng

Zwei Körper in Leidenschaft
Und in Liebe
Vereint durch den Trieb
Gedrängt von der Qual
Nah, weit und näher
Ineinander und
Noch nicht vorbei
Verführt und verloren
Begehrt und gehaßt
Einen Moment vergessen
Schwebend im Unendlichen
Der Zeit und dem Raum
Den Traum gewonnen
Die Ewigkeit gesehen
Das Nicht Seiende Sein gespürt

Tausch die Ringe

Willst du `ne Frau
Dann guck und schau
Wenn du sie gefunden
Und hast schöne Stunden

Dann sag´ zu ihr
Hey, bleib´ bei mir
Laß uns gehen
In der Kirche stehen

Vor dem Traualtar
Wird dann alles wahr

Und am Ende
Ganz behende

Wenn sie es wagt
Und hat ja gesagt
Dann Tausch die Ringe
Mit der Inge!

Tausend Knospen

Sah sie sprießen
Und erblühen
War ein Schießen
Und ein Glühen

Wie der Morgen
So rein und klar
Ohne Sorgen
Wie es so war

An den Dingen
Die Freude nur
War ein Singen
Gefühle pur

Wie die Rose
In dem Garten
Keine Pose
Auf sie warten

Langsam erblüht
In voller Pracht
Alles erglüht
Mit ganzer Macht

Klein und süß und nett
Und erwachsen
Rein ins Bett
Keine Faxen

Die Knospe bricht
Die Tugend auch
Die Rose sticht
Ein letzter Hauch

Sie sinkt nieder
Und sprießt nicht mehr
Kommt nicht wieder
Ist alles leer

Tja, nun

Es ist alles so schön –
Nur Anja fehlt!
Sonne, blauer Himmel,
Frühling.
Das Leben ist schön
Und ich bin schön – dumm!
Raus und weg – aber mit ihr!
Tja, nun.

Träume, die mir blieben

Mein Leben und Du
Was brauch´ ich dazu?

Du bist hier und da
Was war es, das war?

Will Dich nur lieben
Träume, die mir blieben

Keine andre da
Es ist wirklich wahr!

Und will dann gehen
Und nichts mehr sehen

Du glaubst es mir nich
Kann verstehen Dich

Will alles mit Dir
Darum bin ich hier!

Wenn Du es nicht willst
Meinen Hunger stillst

Was soll ich dann tun?
Was, ohne zu ruhn!

Traumgestalt

Ein Kuß von Dir
Die Erde bebte

Das war bei mir
Wie wenn ich schwebte!

Ein Blick von Dir
Aus Deinen Augen
Das war bei mir
Mit Liebe saugen!

Und Deine Hand
Wenn ich sie spürte
Was ich empfand
Wenn sie berührte!

Dann Dein Gesicht!
Doch wie vergessen!
Ich kann es nicht!
Bin wie besessen!

Dich ansehen
Den Körper fühlen
Zu Dir gehen
Und in Dir wühlen

Es war ein Traum
Trat in mein Leben
Füllte den Raum
Und nahm es eben!

Traurige Augen

Sie hatte
In der Sonne

Am Strand
Kurze Haare
Im Wind

Sie flirtet
Mit dem Leben
Dem Glück
Kurzer Frühling
Voll Kraft

Sie schaute
Auf das Wasser
Das Meer
Kleiner Junge
Im Sand

Sie dachte
Auch an den Mann
An ihn
Praller Sommer
Zum Spaß

Sie suchte
In der Ferne
Noch hier
Nur die Nähe
Ein Halt

Sie blickte
An sich herab
Noch schön
Bunte Blätter
Im Herbst

Sie träumte
Von Dunkelheit
Ein Bild
Traurige Augen
Vom Schmerz

Sie schaudert
Vor der Kälte
Der Nacht
Lange Winter
In Schwarz

Trugbild

Und ich denke, daß die Sonne scheint
Und ich seh die Sterne und das Licht
Und meine Augen wandern am Horizont
Und ich sehe Dich doch nicht

Überall

Links geblickt, rechts geschaut
Meinen Augen nicht getraut
Eine blond, eine braun
Alle gleich schön anzuschaun

Kugelrund, praller Bauch
Strammen Po den hat sie auch

Weiß nicht wie weiß nicht wo
Alles echt und keine Show

Augen schauen, Augen sehen
Alles andre scheint zu stehen
Will dann die und die auch
Krieg sie nicht, steh´ auf dem Schlauch.

Über das Meer

Sie kommen auf dem Meer
Von ganz weit, hierher

Aus Ländern in der Ferne
Wollen hier zu uns sehr gerne

Denn zu Hause ist es schlecht
Nix Arbeit und nix Recht

Hier ist alles doch so schön
Egal ob Bayern oder Rhön

Kommen alle, um zu bleiben
Befreit von allen Leiden

Vollgestopft die Taschen
Und vom Wohlstand naschen

Leben wie ein König hier
Leben von dem Geld von Dir!

Umwelt

Es geht die Welt zu Grunde
Und Schuld ist Kunigunde

Was kann die Welt noch retten?
Es sind nicht Zigaretten

Da schwimmt im Wasser Plastik
Die Vögel sind elastik!

Das Öl verlieren Schiffe
Und wenn sie treffen Riffe?

Der Urwald geht von dannen
Ob Palmen oder Tannen

Die Tiere sterben leise
Auf ihre eigne Weise

Die Welt wird immer leerer
Der Schutz ist sehr viel schwerer

Vorbei ist es am Ende
Auch ohne Rinderlende

Und allein

Du schaust zurück aufs Leben
Grad da, warst geboren eben
Die Mitte nun schon vorbei
Eins, zwei, das Ende schon bei drei

Und war es auch nicht heiter
Es ging immer wieder weiter
Es war Arbeit und war Spaß
Es war mal trocken und mal naß

Mal die Sonne, mal der Mond
Der Mann, ob er da oben wohnt?
Verloren stehn im Regen
Allein, suche nach den Wegen

Licht erstrahlet ganz im Hell
In dir, doch es vergeht sehr schnell
Ganz am Ziele wirst du sein
Wie am Anfang – einsam und allein

Und das ist die Frage

Und das ist die Frage
Die da ist ganz schlicht
Sie stellt sich alle Tage:
Liebe ich oder nicht?

Wenn ich Dich ansehe
Dann ist alles klar
Dann krächz ich wie die Krähe
Es ist wie es war!

Wenn Du bist dann nicht bei mir
Und die Zweifel kommen
In der Kneipe zwei, drei Bier
Sind hinweg geschwommen!

Lieg´ im Bett zu Hause
Frage mich, warum
Glaub´, ich brauch ne Pause
Bin schon ganz schön dumm!

Und Liebe so weit

Ich denke an Liebe
Und denke an Zeit
Und an das, was bliebe
Und alles so weit

Ich sehe die Sterne
Und sehe das Licht
Und fühle die Wärme
Und weiß es doch nicht

Ich fühle die Nähe
Und wünsch Dich zu mir
Ich höre die Krähe
Und spricht sie zu mir

Ich höre die Frage
Und denke daran
Und was ich dann sage
Und fängt es jetzt an

Ich sehe Dich stehen
Und schaue Dich an
Und will verstehen
Und fühle Dich dann

Ich bin nun alleine
Und suche nach Dir
Und sitze und weine
Und innerlich frier

Ich komme zum Ende
Und gehe hinweg
Und hebe die Hände
Und hat keinen Zweck

Ich bin nun verloren
Und alles ist fort
Und hat mich geschoren
Und fern ist der Ort

Ich höre die Stimmen
Und sehe nichts mehr
Und nichts zu erklimmen
Und alles so schwer

Ich bin nun vergangen
Und nur in der Zeit
Und alles verhangen
Und Liebe so weit

Und meine Welt war bunt

Es war auf einer Fete
Sie kam so auf mich zu
Ganz einfach so, ich dachte:
Was willst denn Du?

Ein paar Worte zu mir –
Dann war sie wieder weg
Schaute mich gar nicht mehr an
Alles bloß ein Geck?

Dann wieder mal `ne Frage:
„Krieg´ ich `nen Schluck?"
„Ist nur Selter" „Macht nichts"
Merkwürdig. Schau. Guck.

Sie will etwas von dir
Allmählich war´s mir klar
Wußte nicht genau was tun
Als es schon geschehen war:

Ließ mich aufs Gespräch nun ein
Plauderten über dies und das
Schien ganz nett zu sein
Was sollt ich denken, was?

Roland machte Andeutungen
Wie immer er es macht
Hat mich nicht viel gekümmert
Nur drüber gelächelt und gelacht

Hin und her mit ihr
Wußte nicht, wie weit sie geht
Saß neben mir, auf meinem Schoß
Dann wieder weit weit hinten steht

Ob ich mal tanzen darf
War Rolands Frage an sie

Ich durfte – fing flott an
Und fiel natürlich aufs Knie

Roland mußte lachen
Nicht nur er alleine
Lagen uns beide in den Armen
Und wir fanden Worte keine

Sie kam dann wieder:
Was ich noch mache nachher
Wüßte ich noch nicht
Nacht durchmachen – wer?

Hin und her – wo denn?
Nach Kreuzberg zu Fuß?
Oder doch nicht, lieber:
Grunewaldsee – auch ohne Bus

Sind dann los mit Rädern
Ich hinten drauf bei ihr
War richtig schön
Und es hat gefallen mir

Wir lagen dann am See
Acht, oder neun oder zehn
Lagen, redeten, lachten, sprachen
Sterne waren am Himmel zu sehn

Die Nacht ging vorbei
Und es ging zur Schule los
Es war echt toll; Wahnsinn
Woran, woran lag das bloß?

Nichts erwartet und erhofft
Einfach so ohne jeden Grund
Da stand sie da und sprach
Und meine Welt war bunt!

Und sah uns in der Sonne

Und sah uns in der Sonne
Und stehen auch im Licht
Und fragte mich am Ende
Wann war sie da, die Wende?

Wir waren frei und so jung
Und lebten in den Tag
Und waren auf dem Sprung
Und das mit jedem Schlag

Wir saßen und wir schauten
Alles war für uns bunt
Und Luftschlösser wir bauten
Und die Welt war einfach rund

Und das Leben floß dahin
Wie ein Fluß im Frühling
Die Liebe gab ihm seinen Sinn
Und war kein Halt nur Spring

Und war golden wie der junge Wein
Und Schillernd wie der Morgen
Und war alles und kein Schein
Und gab da keine Sorgen

Und sollte sein für immer
Und sollte ewig dauern
Und hatte goldnen Schimmer
Und gab da keine Mauern

Und dann kam sie, die Wende
Sie schlich sich einfach ein
Und schnell und ganz behende
Kroch der Zweifel dann herein

Und als er ward geboren
Und trieb den Keil hinein
Des Glückes Lust verloren
Gegangen wie der Wein

Und nagt am ganzen Leben
Und zieht es aus dir raus
Was blühend war noch eben
Sieht grauslich danach aus

Und nichts ist bunt und heiter
Nur grau hängt alles da
Und geht das Leben weiter
Nichts ist, was einmal war

Und sah uns in der Sonne
Und stehen auch im Licht
Und Ewigkeit mit Wonne
Die gibt es scheinbar nicht!

Und wenn die Welt vergeht

Und wenn die Welt vergeht
Und niemand es versteht
Dann bin ich tief in mir
Dann bin ich noch bei Dir

Und wenn die Sonne stürzt
Und Hitze unsere Erde würzt
Dann kann ich an nichts denken
Dann Dir nur meine Liebe schenken

Und wenn der Mond verglüht
Und der weiße Flieder blüht
Dann will ich zu Dir nur gehen
Dann will ich uns zusammen sehen

Und wenn Gott von uns geht
Und die ganze Welt in Flammen steht
Dann umso mehr kann ich es sehen
Dann alles soll nur mit Dir allein geschehen

Und wieder strahlt die Sonne

Und wieder strahlt die Sonne
Und auch auf mein Gesicht
Und werf´ es in die Tonne
Und pack´ es einfach nicht!

Das Meer spült seine Wogen
Es spült sie an den Strand

Ich fühl´ mich ausgezogen
Und fühl´ mich ohne Land!

Der Sand liegt an dem Ufer
Und Muscheln auch dabei
Sie sind mir wie ein Rufer
Wer fragt noch nach uns Zwei!

Die Sonne zieht im Kreise
Hoch über´s Firmament
Sie sinkt ins Meer ganz leise
Weiß ich, wie man das nennt!

Das Wasser spült noch immer
Es spült sich an den Strand
Es wird sich ändern nimmer
Nicht hier, in diesem Land!

Und will es wiederfinden
Und suchen nicht danach
Und will mich wieder binden
Und bin halt auch sehr schwach!

Ungewollt

Du Laus, Du Biest, Du Engerling
Du einfach widerwärtig Ding!

Du warst und bist und wirst es sein
Nicht wahr, nicht da, nur einfach Schein!

Du sogst und sogst mein Blut heraus
Und spieltest mit mir Katz´ und Maus!

Gefühle, Liebe, nur ein Spiel
Erzählen konntest Du so viel!

Dein Todesstachel drang in mich
Es freute und ergötzte Dich!

Die Pein, die Du mir zugefügt
Machte Dich meist sehr vergnügt

Du hast in meinem Schmerz gewühlt
Und mein Gefühl dann weggespült

Mich gequält und mich geschunden
Dich vor Lust dann noch gewunden

Hast mein Herz herausgerissen
Und mein Innerstes zerbissen

Doch ungewollt warst Du von Nutzen
Ich lernt von Dir das Zähneputzen!

Urlaubsgrüße

Ich wohne, wo das Kreuz
Du bist in der Schweiz
Ich wandere am Strand
Du in einem andern Land

Du pflückst Blumen, auch Edelweiß
Ich sitz´ am Strand und mir ist heiß
In der Küche wäschst Du ab
Lieg´ im Sand und fühl´ mich schlapp

Du bist müde und schläfst tief
Lauf im Regen und mach trief
Menschenmassen wälzen sich im Ort
Du bist weit, weit von allem fort

Kletterst auf die Berge rundherum
Laufe Watt, alleine und bin stumm
Willst Du mich dann noch wiedersehen?
Ich hoffe, ja – doch bin bereit zum Gehen!

Urlaubsmorgen

Es ist jetzt kurz vor acht
Ich bin grad´ aufgewacht
Es grüßt der junge Morgen
Er grüßt mich ohne Sorgen

Laßt uns den Tag beginnen
Mit und ohne Singen
Durch den Ort nun laufen
Und schöne Sachen kaufen

Zum Strand hinunter dann
Ein Photo dann und wann
Und dann beim Spiel der Wellen
Die Lungenflügel schwellen

Die Schiffe auf dem Meer
Kommen von weit, weit her
Sie fahrn in weiter Ferne
Entrückt wie kleine Sterne

Und Menschen wandern hier
Hinter, vor und neben mir
Sie reden du sie staunen
Und haben ihre Launen

Die Sonne strahlt mit Wärme
So haben wir es gerne
So ist der Urlaub schön
Bis bald, na dann, auf wiedersehn!

Versäumt

Will nun mein Leben leben
Aber ist zu spät dazu
Was vorbei, das ist eben
Und bist alt so schnell im Nu!

Willst kosten nochmal Jugend
Von dem Nektar naschen dann
Vergessend alle Tugend
Alles andere verschwamm

Doch du kannst nicht holen wieder
Was du hast dereinst versäumt
Im Frühling blüht der Flieder
Und du, du liegst darnieder!

Vielleicht nie

Ich dachte, du kommst
Du hast mich enttäuscht
Doch: kann es da Enttäuschungen geben,
Wo es keine Erwartungen gibt?
Du kannst nicht das für mich empfinden,
was ich für dich empfinden könnte
Und doch ist da, wo keine Hoffnung ist
Etwas, das man nicht nennen kann
Das Unerklärliche muß sich selbst erklären
Vielleicht nie.

Vierzeiler

An sieben Krücken mußt du gehen
Sieben Rollatoren überstehen
Sieben mal mußt du das Messer sehen
Aber einmal wirst du wieder gehen!

Arbeit ist das halbe Leben!
Ordnung ist das halbe Leben!
Ein Drittel seines Lebens verschläft man –
Und wann lebt man?

Bist nicht heiter –
Doch du lebst weiter
Auch ohne sie –
Es klappt doch nie!

Das Leben ist erst lebenswert,
wenn man Moped fährt!
Doch du kannst sicher sein,
Lange ist´s dann nicht mehr dein!

Des einen Unglück ist des andern Glück
Wollen zwei dasselbe Mädchen
Hält es keinen zurück
Jeder dreht am Rädchen!

Dichten ist nicht schwer
Ein Jeder kann´s versuchen
Doch der Geldbeutel bleibt leer
Es ist zum Verfluchen!

Die Luft ist klar, die Sonne scheint
Das Wasser rein, der Himmel weint
Der Postbote, er strahlt und lacht
Weil er meine Karte gebracht!

Die Wanze spielt zum Tanze
Und wenn du hast ne Lanze
Sei keine Pommeranze
Und gib sie der Wanze!

Du warst die Erfüllung meines Traumes.
Aber, man soll nie seinen Traum heiraten.
So wirst du mein Traum bleiben und
Ich werde ihn mit jemand anderem leben!

Ich habe 1000x geträumt
Und keine Chance versäumt
Ich dachte nur daran
So fing das alles an

Ich mag Dich
Mag keinen mehr
Doch, magst Du mich
Und – wenn ja, wie sehr?

Ich schwebe hin
Ich schwebe her
Und irgendwann
Bin ich nicht mehr!

Ich sitze da
Ich denke, ich grübel.
Ist das alles wahr?
O Gott, mir wird übel!

In der Wohnung
Bei Mutter und Vater
Als Kind hast Du Schonung
Als Teener Theater

Mehr als alles Geld
Mehr als alle Sachen
Bringt auf dieser Welt
Ein Lachen!

Nicht viel Worte
Und kein Gedicht:
Ich liebe Dich!
Genügt das nicht?

Regenblauer Himmel
Über zementweichem Boden
Strahlender Mondschein
Aus immergrünen Schatten

Reichtum und Macht
Sollen dem Menschen bringen Glück
Doch bringen auch diese
Ihm keine vergangnen Stunden zurück

Schaust mich an
Wo denkst du dran?
Glaube nicht –
Du denkst an mich!

Sie schreit, sie brüllt
Ihr Leben ist erfüllt
Das Glück, ein Kind zu haben
Können viele nicht ertragen!

Und die Schnur
Sie dümpelt vor sich hin:
Ich bin Schnur,
Nur, weil ich´s bin!

Und fliegt der Vogel hoch
Und gräbt der Maulwurf tief
Und schwimmt der Fisch ganz unten
Dann geht die Zeit zum Wandern

Und ist der Himmel grau
Und scheint die Sonne nicht
So ist doch, sieh und schau
Durch Dich für mich da Licht!

Vergangenheit in Fülle
Gegenwart nur Leere bringt
Du bist nur noch die Hülle
Von der Ewigkeit umringt

Was könnte man schreiben,
Um sich die Zeit zu vertreiben?
Mir fällt nichts ein,
Das muß wohl so sein!

Wenn des Weibes Körper reift
Sich des Mannes Glied versteift
Wenn die Formen richtig sitzen
Kommt er bald ins Schwitzen

Wenn Du auch lügst
Und mich betrügst
So weiß ich voller Glück
Du kommst doch zu mir zurück!

Wenn ich hätte müssen –
Würd´ ich Dich gerne küssen!
Doch auch ohne Zwang –
Hätt´ ich diesen Drang!

Voll von Siegen

Viele Schlösser sah ich liegen
Viele Schlösser wunderbar
Viele Schlösser, voll von Siegen
Viele und ein Traum ward wahr

Sah die Schlösser auch von innen
Sah die Gärten und sah Mauern
Sah die Gräben, sah die Zinnen
Sah mich auch erschauern

Fuhr von einem zu dem nächsten
Stieg hier rauf und da rein
Bis sich meine Augen lösten
Von dem unten, was so klein

War so mächtig, so gewaltig
So stark, so fest und so groß
Und so jung und vielgestaltig
So herrlich eben, Schloß für Schloß

Viele Schlösser sah ich liegen
Viele Schlösser sonderbar
Viele Schlösser, grau von Siegen
Viele, und schon nicht mehr wahr

Vom Reisen

Vier Wochen kreuz und quer
Vier Wochen mit dem Zelt
Vier Wochen hin und her
Vier Wochen durch die Welt!

Von Carcassonne hinauf
Andorra noch im Schnee
Die Sonne ging dann auf
Es wurde warm, o we!

Mehr fällt mir jetzt nicht ein
Ich staune nur uns seh´
So muß das Reisen sein
Drum sag´ ich jetzt: Ade!

Vor dir die Ewigkeit

Und leben ist wie lieben
Und wenn dir nichts geblieben
Und denkst du an das, was damals war
Und war es Zweifel, der es gebahr?

Und stehst du an dem Tale
Und fließt dann da die Saale
Und willst du fliegen wie die Krähe
Und suchst du dann des Todes Nähe

Und bist dem Ende nahe
Und wartest auf die Bahre

Und denkst, was könnte da noch sein?
Und fragst, ob du am Ende ganz allein

Und blinken dann die Sterne
Und das Leben in der Ferne
Und ist es dann vollbracht
Und bist heraus du in dunkle Nacht

Und du siehst es leuchten schon
Und dein Leben war kein Hohn
Und du denkst zurück an deine Zeit
Und weißt: vor dir liegt die Ewigkeit!

Vorübergehend

Vorübergehend hab ich Dich gesehen
Vorübergehend blieb ich stehen

Vorübergehend sahst Du mich an
Vorübergehend sprach ich Dich dann

Vorübergehend fing es an
Vorübergehend ein Paar dann

Vorübergehend die Zeit
Vorübergehend alles so weit

Vorübergehend nur aus Liebe
Vorübergehend wenn es bliebe

Vorübergehend und nicht sehend
Du warst vorüber, gehend!

Wahre Schönheit

Wahre Schönheit hat die Jugend –
Und hat das Alter
Die Mitte das Mittelmaß
Junge Bäume im Frühling sagen nichts –
Doch die Knospen einer alten Kastanie vor dem
Aufbrechen –
Welche Kraft, welcher Glanz steckt darin!

War im Sommer

War im Sommer
War sehr heiß
War am Wasser
Ohne Eis

Sah sie sitzen
Dort am Strand
Sah sie liegen
In dem Sand

Wollt sie fragen
Wo sie her
Wollte wissen
Ob noch mehr

Mußt mich plagen
Sah zu ihr
Ist zum Wasser
Gefiel mir

Mich besonnen
Bin ihr nach
Und am Ufer
Ohne Schmach

War sehr herzlich
Und mit mir
Sprach den Tag sie
Bis um Vier

Ich zu schüchtern
Nicht gefragt
Sie sehr stürmisch
Hat´s gesagt

Und am Ende
Sind wir los
Zu der Bake
Was war bloß?

Auf dem Wege
Sie gedrückt
Hat verzaubert
Mich gepflückt

Dann gesessen
Sie liebkost
Sie voll Feuer
Nicht erbost

Fast dann alles
Für mich neu

Nicht zum Ende
Zu viel Scheu

Nie vergessen
Diesen Tag
Aufgefressen
Wie ein Schlag

Wird mich plagen
Weil zu dumm
Kommt nicht wieder
Alles stumm

Was dir noch bleibt

Du willst zurück
Du suchst dein Glück
Es ist vorbei
Und liegt entzwei

Du suchst den Ort
Wo es ging fort
Du willst dahin
Hat keinen Sinn

Es ist so weit
Als du zu zweit
Es war zu leicht
Und auch zu seicht

Nicht zu sehen
Zu verstehen

Nicht zu schauen
Ohn´ Vertrauen

Hast geschlagen
Nicht vertragen
Und hast in dir
Auch schon das Tier

Nicht mehr bei dir
Du willst sie hier
Kein Halt der Zeit
Es ist zu weit

Die Uhr nicht dreht
Der Wind nicht weht
In alte Tage
Ohne Frage

Das Jetzt ist nun
Was willst du tun?
Kannst nicht zurück
Zu deinem Glück

Kannst verfluchen
Oder suchen
Was dir noch bleibt
Ist wenig Zeit!

Was uns treibt

Es scheint die Sonne
Sie steht am Himmel

Das Leben ist Wonne
Um mich Gebimmel

Schafe weiden
Auf grünen Wiesen
Wer kann schon leiden
Bei Bildern wie diesen

Und Vögel fliegen
Durch Wald und durch Feld
Und Pläne wir schmieden
Und wollen die Welt

Am Tage so hell
In des Lebens Lust
Es geht alles sehr schnell
An der Natur ihrer Brust

Die Sonne dann sinkt
Hinter den Hügeln
Der Tag verklingt
Entfernt sich auf Flügeln

Es hat keinen Sinn
Und es hat keinen Zweck
Es geht nun dahin
Und alles ist weg

So am Ende bleibt
Für mich und für Dich
Das, was uns treibt
Es ist lächerlich

Nichts ist zu sehen
Nichts ist zu fassen
Nichts bleibt bestehen
Alles verlassen

Keine Ruhe in dir
Alles ist vergangen
Keine Ruhe in mir
Wolken verhangen

Die Zeit, sie tickt fort
Was ist Ewigkeit?
Hier an diesem Ort
Ist es dann so weit

Weiß nicht einmal

Weiß nicht warum
Weiß nicht wohin
Weiß nicht einmal
Wer ich denn bin

Wellenreiten

Ein andrer Tag
Ein neues Glück
Wenn ich Dich frag
Kommst du zurück?

Wellen peitschen
Wohl an den Strand

Duften Veilchen
Weit übers Land

Der Frühling kommt
Mit Sturmgewalt
Ob es dir frommt
Bald bist du alt

Sie lächelt nur
Und denkt an sich
Du nimmst die Schnur
Ist lächerlich!

Hast nicht den Mut
Bist noch zu schwach
Du spürst die Flut
Und bist ganz wach

Du dümpelst dann
So vor dir her
Von Anfang an
War es nicht mehr

Wissen müssen
Und geblendet
Von den Küssen
Und verschwendet

Alles nun vorbei
Hingegeben
Und einerlei
Ist dein Leben

Alles nun schon
Ist im Blühen
Sag ja, mein Sohn
Laß sie ziehen!

Nein, bleib bei mir!
Du darfst nicht fort
Bleib einfach hier
Sag nur ein Wort

Wenn Du es willst
Nur Du allein
Wenn Du es stillst
Das Einsamsein!

Unermeßlich
Und riesengroß
Schrecklich gräßlich
Und doch famos

Wenn es dich packt
Und in dich krallt
In dich verhackt
Mit Urgewalt

Du merkst es dann
Was ist das bloß
Wie eine Flamm´
Kommst nicht mehr los

Liebe gibt und
Liebe nimmt auch
Sie ist ganz bunt
Und dann wie Rauch!

Wenn ich habe

Wenn die Sonne scheint
Dann hab´ ich Hoffnung

Wenn der Himmel blau ist
Dann hab´ ich Hoffnung

Wenn die Bäume grün werden
Dann hab´ ich Hoffnung

Wenn ich Hoffnung habe
Dann weicht die Kälte aus meinem Herzen

What´s The Matter With Your Friend?

What´s the matter with your friend?
He is sitting in the sand.
What is he doing?
He is just sewing!

Oh, your pour little friend,
Just sitting in the sand.

Wofür?

Liebe kommt, Liebe geht
Niemand, der versteht
Sie ist da und nimmt dich
Warum fragt sie nich?

Dann bist du gefangen
Wirst aufgehangen
Die Welt grau und nicht bunt
Verstehst nicht den Grund

Wen du auch fragst danach
Niemand nimmt die Schmach
Du fühlst etwas in dir
Und fragst dich: Wofür?

Die Vögel fliegen munter
Manche fallen runter
Sie liegen dort so tot
Das Wasser, das ist rot

Woran läßt sich Liebe messen?

Dein Lächeln und Dein Blick
Die machen mich verrückt

Du bist sehr jung und klein
Und deshalb sollte es nicht sein

Doch anders ist das Leben
Es wollte Etwas weben

Wider die Natur ist es gekommen
Ich hab´ sie in mein Herz genommen

Dort sollt´ sie ewig bleiben
Freudig, ohne Leiden

Doch sie wurde älter
Und damit alles kälter

Sie wollte alles sehen
Und ich, ich mußte gehen

Gott, mein Vater, läßt mich bluten
Ertrinken mich in tiefen Fluten

Für immer tief in mir
Sich fühlend wie ein Tier

Ich kann sie nicht vergessen
Woran läßt sich Liebe messen?

Wünscht´

Hab´ gezittert
Bin zerknittert

Fort bist Du nun
Was soll ich tun?

Vorher denken
Und nicht lenken

Bei Dir zu sein
Fühl´ mich so allein

Alles zerstört
Auf nichts gehört

Nur gewunden
Dich geschunden

Ein Wunder tot
Und alles rot

Zukunft ist fort
Nur noch ein Wort

Das Leben schleicht
Und langsam weicht

Der Kopf ist leer
Du willst nicht mehr

Was gestern noch
Ein tiefes Loch

Und alles sinkt
Erlösung bringt

Der Tod nur dir
Wünscht´, Du wärst hier!

Zerstört (Ohne Dich)

Eine Woche schon
Kommt von Dir kein Ton
Ich liege einsam
Nicht mir Dir zweisam

Der Tag schleicht dahin
Nichts macht einen Sinn
Hab´ verloren Dich
Bin allein für mich

Keine Wärme mehr
Mein Herz, daß ist leer
Du bist nicht mehr hier
Alles schreit nach Dir

Deine Lippen spürn
Und Dich sanft berührn
Und Blicke tauschen
Deiner Stimme lauschen

Die Worte hören
Die mich betören
Die Worte fehlen
Und Gedanken quälen

Hab´ mein Glück zerstört
Nicht auf Dich gehört
Dreh´ die Zeit zurück
Hin zu meinem Glück!

Zum Abschied

Ade, lebe wohl und recht viel Glück
Man bleibt nicht gern allein zurück

Man kennt sich gut, man mag sich sehr
Das macht den Abschied doppelt schwer!

Es ist soweit, es ist vollbracht
Um uns schließt sich die dunkle Nacht

Doch in der Nacht, da scheint ein Licht
Ich seh´ es schon, siehst Du es nicht?

Es ist die Freude, groß wie nie
Hoch lebe die Malbuhgamie!

Zu Ostern (1)

Das Herz beginnt zu schlagen
Grün wird es wieder nun
Mit den Sonnentagen
Da kommt die Lust, was zu tun

Die Energie kehrt zurück
In Bäume, Blätter schießt
Sie bringt auch dir ein Stück
Augen auf, daß du es siehst!

Die Hasen malen Eier
Kinder, die sie finden
Dann so manche Feier
Mädchen Kränze binden

Wenn der Frühjahrsputz beginnt
Wenn Altes Neuem weicht
Dann Traurigkeit verrinnt
Und Atmen ist wieder leicht!

Zu Ostern (2)

Zu Ostern fällt mir ein:
Damals, da war ich noch klein
Da fing ich an, zu suchen:
Ostereier, unter Buchen

Eins gefunden und noch eins
Das ist meins, und das Deins
Sprang und hüpfte rum
War noch schrecklich dumm

Glaubte an den Osterhasen
Sah ihn auf dem grünen Rasen
Kein Kind mehr und nicht mehr dumm
Kein Kind mehr, erwachsen und – stumm!

Zurückgelassen

Du gehst vorbei
Ich seh Dir nach
Ein einzger Schrei
Ich fall ins Grab

Schaust mich nicht an
Hebst stolz den Kopf
Ich denke dran
Pack Dich beim Schopf

Du strahlst ganz treu
Ganz unschuldsvoll

Der Mann ist neu
Und ist auch toll!

Du schreibst mich ab
Auf ihn gezeigt
Ich bin das Wrack
Das liegen bleibt

Er kriegt den Kuß
Und Dich dazu
Für mich ist Schluß
Die Türe zu

Zweizeiler

Alles Gute und viel Glück
Schau nach vorne, nicht zurück!

Der Sumpf, der diese Welt umgibt
Ist tiefer noch für den, der liebt!

Die Zeit ist des Menschen Glück
Doch zu des Menschen Leid hält sie niemand zurück

Die Zeit ist wie die Liebe:
Unendlich und doch zu kurz!

Es kommt nicht darauf an, wie etwas aussieht –
Es ist viel wichtiger, was es enthält!

Ich bin Dein und Du bist mein;
Was kann schöner sein?

Ich bin kein Dichter – nein.
Doch, was ich schrieb´ ist nur für Dich allein!

Kaum ist der April vorbei,
Kommt auch schon der wunderschöne Mai.

Liebe ist wie Feuer:
Je mehr, desto gefährlicher!

Schau ich in die Augen dir
Liegt eine andre Welt vor mir!

Spuckst du in die Suppe –
Bekommst du nie ne Puppe!

Wenn ich an Dich denke wird mir sonnenklar
Daß ich ein Schwachkopf war!

Zwei Blätter und nicht mehr
Sonst wird die Rolle zu schnell leer!

Mehr von M. S. Dueschamm:

Grüne Tinte auf Papier

Gereimtes und Ungereimtes, 172 Seiten, Paperback
Herstellung und Vertrieb: Books on Demand GmbH,
Norderstedt, ISBN 9783744813358

Leseempfehlung:

Herr Kues

Auf den ersten Blick ist Herr Kues ein ganz normaler Mann mittleren Alters. Doch Herr Kues ist anders. Er lebt in seiner eigenen Welt, die er nur verläßt, um seiner Arbeit nachzugehen. Er hat keine Freunde und er will auch keine Freunde haben. Er ist zufrieden mit sich selbst. Seine Kollegen sehen ihn, aber sie nehmen ihn nicht wahr. Er ist wie ein Schatten. An seine Vergangenheit kann er sich nicht erinnern; für ihn war alles schon immer so, wie es gerade ist.

Doch dann geschieht etwas, das ihn zwingt, seine Welt zu verlassen...

Klaus-Jürgen Sparfeld - Herr Kues
Roman, 140 Seiten, Paperback
Herstellung und Vertrieb: Books on Demand GmbH,
Norderstedt, ISBN 978383 9111765

Leseempfehlung:

Das Nordlicht, das Bier und ich

Jens lebt mit seinen Eltern in Berlin. Als sein Großvater in Husum stirbt, reist die Familie zur Testamentseröffnung dorthin. Der Inhalt des Testaments und das Wiedersehen seiner Mutter mit einem alten Jugendfreund lassen die Ehe seiner Eltern und die Vergangenheit seiner Mutter in einem ganz neuen Licht erscheinen.

Die Verwirrung seiner Gefühle wird noch verstärkt durch die Begegnung mit der 16 Jahre alten Meike, von der eine unerklärliche Anziehungskraft auf ihn ausgeht.

Als er ein bisher gut gehütetes Geheimnis aus dem Leben seiner Mutter erfährt, führt das zu einem scheinbar unauflösbaren Widerspruch zwischen dem, was sein Herz und dem, was sein Verstand sagt...

Owe Klajü - Das Nordlicht, das Bier und ich
Roman, 198 Seiten, Paperback
Herstellung und Vertrieb: Books on Demand GmbH,
Norderstedt, ISBN 978374 1263316